Echo
Echo
Echo
Echo

在全世界寻找爱

手绘
三毛的一生

画眉
著&绘

漓江出版社

1 / 1943年3月26日

生于重庆，本名陈懋平。3 岁时为自己改名陈平。

2 / 5岁

随父母迁往台湾。后入台北中正国民小学。初中二年级时被数学老师当众墨汁涂面，开始逃学。休学在家学习写作、音乐、绘画和英文。曾割腕自杀获救。

3 / 19—21岁

19 岁发表第一篇作品《惑》。21 岁经创办人张其昀先生特许，入台湾“中国文化学院”（1980 年更名为“中国文化大学”）哲学系旁听，课业优良。

4 / 24岁

初恋失败，赴西班牙马德里康普顿斯大学哲学院留学。偶遇少年荷西。接连在德国、美国短期学习、居留。

5 / 28—29岁

28 岁返台。29 岁时德裔未婚夫因心脏病猝死在她怀中。重返西班牙，再遇青年荷西。

6 / 31岁

与小她 8 岁的荷西在西属撒哈拉沙漠小镇阿雍注册结婚。首次以三毛为笔名在台湾《联合报》副刊发表作品《中国饭店》，广受欢迎。

7 / 33岁

与荷西移居大加纳利岛。同年5月，《撒哈拉的故事》出版，三毛一举成名。

8 / 36岁

荷西在海底捕鱼时意外丧生。

9 / 38岁

开始长达半年的中南美洲旅行。归来后出版纪实游记《万水千山走遍》。

10 / 39岁

任台湾的“中国文化大学”中文系文艺组讲师，同时写作、作词、开展环岛演讲……一度因过劳严重失眠，丧失记忆。

11 / 46岁

展开大陆旅行，开始创作电影剧本《滚滚红尘》。次年此片获金马奖八项大奖，编剧三毛却在最佳原著剧本奖的角逐中意外落选。

12 / 48岁

1991年1月4日凌晨，以丝袜自缢于台北荣民总医院病房浴室，终年48岁。

“记得当时年纪小，

你爱谈天我爱笑，

有一回并肩坐在桃树下，

风在林梢鸟儿在叫，

不知怎样睡着了，

梦里花落知多少。”*

---

* 这首温暖的怀旧小诗，是卢前（卢冀野）先生 1934 年创作的，由黄自先生作曲，为我国第一部音乐教材写的歌。作家三毛曾在她的散文集《梦里花落知多少》中引用过这首诗。

* 斜杠青年三毛

作家

旅行家

大学讲师

演讲家

译者

歌词作者 编剧

资深拾荒人

室内设计师

形象设计师

石头彩绘艺术家

古董、民俗品收藏家

大厨

园艺达人

手作匠人

慈善工作者

斜杠青年

注

指拥有多重职业、多种身份和多元化生活的年轻人。他们在自我介绍中会用斜杠来区分身份，如作家 / 旅行家 / 编剧，故而得名。

1943年3月26日，重庆南岸区黄桷垭正街的一户民宅中，执业律师陈嗣庆欣喜地迎来他的第二个女儿。

陈嗣庆是苏州东吴大学毕业后到上海教书时，与高中毕业不久的女孩缪进兰结婚的。如果没有那场战争，他们完全可以在繁华的大上海建设自己温馨的小家庭。但跟那时不想在沦陷区做亡国奴的人们一样，这对年轻的夫妻先后奔波到了国民政府的"陪都"重庆。此时，日本在战局中已明显处于下风，但重庆仍处在日本战机时常的轰炸骚扰中。思来想去，陈嗣庆给了这个不足月的宝贝一个父亲所能给予的最大祝福：平。

这个被父亲殷殷取名为"平"的女孩，从幼年起就擅长表达自己的棱角。2岁就喜欢去坟边玩泥巴，母亲天黑时找到她，她告诉母亲，有很多死去的人在跟她说话。年节时邻人杀羊，血腥的场面通常成年人都受不了，她却从头盯到尾，看完不动声色。有一次，小小的她头朝下掉进家里储水的大缸，她居然懂得用双手撑住缸底，双脚击打水面呼救，被救出来后也不哭，吐出一口水道："感谢耶稣基督。"

3岁学写字时嫌自己的本名陈懋平（懋是家族辈分）中的"懋"字难写，她就自作主张给拿掉了。小陈平很幸运，秉性随和的父亲居然就随她了。

好在不久抗战取得胜利，陈嗣庆一家与哥哥一家迁回“首都”南京，住进鼓楼头条巷四号的一幢西式庭院。

小陈平的伯父毕业于上海圣约翰大学，也是当时少有的高级知识分子，故而陈家藏书甚多。大她3岁的姐姐上学去了，她又不喜欢那些小孩子们热衷的打打杀杀的幼稚游戏，遂常独自溜进家中二楼的图书室。在那里，她遇见人生中最初的惊喜：《三毛流浪记》《三毛从军记》。这些生动展现底层民众艰辛生活的绘本为她打开生命最初的艺术之窗，就此结下她与“三毛”这个名字的一生之缘。

图书室窗外的宁静是如此短暂，1948 年的一天，父亲忽然拿给小三毛和姐姐一人一大沓“金圆券”作玩具，孩子们很兴奋，以为可以换到很多冰棒吃，却见家中的老仆人在流泪，他们就要“逃难”去台湾了。

母亲在渡海的“中兴轮”上吐得天昏地暗。她既担忧又害怕，不明白为什么放着好好的家不要，却如此拖家带口地长途奔袭，她多么想要母亲好起来，但是无能为力。年幼的她当然不知道，其后不久，另一艘由上海起航去台湾的“太平轮”上，许多母亲与孩子甚至连晕船的苦楚也再不能够体味（注：1949 年1 月，由于超载夜航，由上海开往台湾基隆的太平轮撞船沉没，近千名乘客遇难，幸存者仅28 人）。

幸好她暂且不必承担成人世界的繁难与艰辛，在位于台北建国路北厝仓的一所日式房子里，她和伯父家的孩子们一道，为第一次见到榻榻米而欢呼雀跃，高喊“解放了！解放了！”被大人们慌忙喝止。

小三毛被送入台北中正国民小学。

因为迁居不久，百废待兴，家里的经济状况与在伯母治下的母亲的心情一般低落。直到有一天，母亲收到一封同学会的请柬，方好似快活了一点。她这才得知，每日只知唯伯母眼色是从的母亲毕业于上海知名女中，读过不少名著，还是校篮球队的后卫。为这次罕有的聚会，母亲倾尽所能，在灯下为小三毛和姐姐手缝了两件姊妹装，纯白色连衣裙，下摆有一圈紫色的荷叶边，却被她斥为“死人色”，而不肯试穿。

终于到了聚会那天，过午便下起了雨，母亲穿着暗紫色旗袍、白色高跟鞋，身上那股若有若无的神秘香气想是源自居家时绝对不可以去碰的“夜巴黎香水”。三轮车上，母亲与姐姐一人抱一个大锅，是母亲烧到深夜的红烧肉和罗宋汤。雨越下越大，三轮车在滂沱大雨中艰难前行，然而约定时间还是过了，远远地，她们望见那辆载满聚会同学的草绿色大军车就要开了——已经开了。从来轻声细语的母亲忽然放声狂叫：“魏东玉——严

明霞、胡慧杰呀——等等我——是进兰——缪进兰呀——等等呀——”

雨那么重地罩住了天地，好心的车夫在雨中拼力狂奔，然而那辆载着母亲希冀的军车转一个弯，终是失去了踪迹。

除了不能依照彼时美术老师的唯一要求“画得像”，聪明的小三毛学业成绩还是不错的，作文尤其拿手，常被老师当作范文叫她朗读。除了有一次，她因写自己长大后的理想是“拾荒”而被老师丢黑板擦，只得改为“做医生拯救万民”方罢。

但四年级后，因为面临考初中的压力，功课越来越繁重，她不得不在凌晨五点半的黑暗中强忍渴睡爬起来，背着硕大的书包——因为要在学校吃午饭和晚饭，还要另外背装着两个便当盒和水壶的大袋子——冬日清晨的风雨中，一双小脚跟跄在永远没有机会晾干的湿球鞋里。六点一刻就被钉在教室里早读，如果考不到一百分，就要被竹教鞭打卷起衣袖的手臂，少考一分打一下，红红的血印横在手臂上，成为日常生活的点缀。深夜十一时方得离开学校，回家后还要演算一百道算术题。

小孩子的世界其实充满成年人所不能想象——也许是拒绝想象的危机。一天，她在上学路上被一头疯水牛莫名其妙地追赶进了学校。疯牛耽在操场不肯离开，班里的纪律委员却逼她走出教室、穿过操场去打开水。

是临时驻扎在学校的部队里一位炊事兵帮她解了围。他是位“哑巴”。这貌似完全不搭界的两个人居然从此成了朋友。她教他写字，他帮她提开水，代她背书包，将芭蕉叶子割得方方正正送她做课桌上的垫板。放学后，两个人一起去操场坐跷跷板，坐成夕阳下山后两幅无声的剪影。他被捉来当兵的时候，家中妻子即将临产。他从未谋面的小小女儿，也许就是眼前小三毛的样子吧。

老师却对此忧心忡忡。何况有一天，这位哑巴炊事兵居然送给小三毛一只金戒指。部队即将开拔，他们可能此生不复相见，他想送一个纪念。老师以为终于抓到了“把柄”，当天就去她家突袭家访，还私下审问：“他有没有对你不轨？”

她根本不懂什么"鬼不鬼"，只觉老师误会了自己的朋友，气得大哭。炊事兵临走的那一天，专门到教室找她，送她一人包当时非常珍贵的牛肉干——牛肉干被老师拿去喂了狗。

她此生再没有见过那位大饼脸、塌鼻子、一见她就笑的哑巴炊事兵。

是10岁还是11岁？在一次每个学期开始都要举行的校际同乐会上，她偶然被老师指定演一个小角色：匪兵乙。

有乙必有甲。匪兵甲是个光头男生。两个人总是并排躲在幕布后面的一条长板凳上，一起默数到“17”，等主角牛伯伯的步子踩到跟前，便一起拉开幕布，大叫着厮杀出去。

就这样“爱上”他了。如果非要找成人世界必需的“理由”，也许只因为他们一起做了那个时代“不可思议的事情”——女生与男生这样亲近地一同蹲在布幔后。

小男生小女生的“爱情”，不过就是朝会上眼神漠然地相互一掠，却固执地相信：那双眼神里的冷淡，是另有信息的。但却为什么那样伤心呢？考试不及格，被老师喝问为什么退步，挨打完偷偷擦掉一点点眼泪，不是为腿痛，只是很想因此伤心。

幸好还有书。幸好还有建国书店。

建国书店是建国北路上新开的租书店。自从发现这家“宝藏”，小三毛成了最不讲理的孩子，无休止地缠住母亲要零花钱。《唐吉诃德》《简爱》《飘》《呼啸山庄》……《红楼梦》，纷纷燃亮了她眼底的阴翳。她并不喜欢在课堂上偷看小说，可是除了这种方式，她被课业迫得没有其他任何办法看心爱的书。五年级第一次看《红楼梦》，便是将书盖在裙子下面，老师一写黑板，她就掀起裙子看。当她念到宝玉拜别父亲贾政，披着大红猩猩毡斗篷在漫漫雪原啸歌而去：

“我所居兮，青梗之峰；我所游兮，鸿蒙太空。谁与我逝兮，吾与谁从？渺渺茫茫兮，归彼大荒！”

——她呆在那儿，全忘了身在何处，心中滋味已不是流泪或感动所能形容。老师在远方叫她的名字，她竟不能回答。文学之美，她终于懂了。

1954 年，她考入“全台湾最好的中学”，台北市立女子中学(即鼎鼎大名的“北一女”)。

她的数学成绩自小就平常，升学后由于难度升维式增加，亦因她越发沉醉于“闲书”的海洋，数学成绩每况愈下，初二时第一次月考四门不及格。父母警告她再这样下去会留级，她勉强收了心，凡书必背，凡课都听，连数学题都一道道死背下来，三次数学校考都得了满分。数学老师怀疑她作弊，叫全班同学做习题，单独给她一张考卷，上面是她没有听说过的方程式。

她当场得了零分。那位老师拿着蘸了饱饱墨汁的毛笔，叫她立正，笑吟吟地说：“你爱吃鸭蛋，老师给你两个大鸭蛋。”

老师在她的眼眶四周涂了两个大圆饼，墨汁太多，流到她的嘴巴里。老师让她转过身去给全班同学看，全班爆出惊天动地的哄笑，只有一个同学没有笑，要哭了似的低下头。

老师意犹未尽，让她去外面走一圈。她僵尸般走出去，路遇的同学先是惊叫，然后大笑。她乖乖按照老师的要求绕了大操场一周才回座位。一位姓杨的同学拉她去洗手间，因为没有肥皂，也因为墨汁在脸上停留太久，根本洗不干净，脸上变得灰灰的。

事情发生后，她始终没有掉过一滴泪，也没有告诉父母。她情愿那个老师打她一顿。夜里，她躺在床上拼命流泪。第二天照常去上学。第三天也是。

第三天，在走廊一看到自己的教室，她立刻昏了过去。她出现了严重的心理障碍，早上绑鞋带的时候，一想到学校，便立刻眼前发黑，难以呼吸，只得在家休学一年。没有人责备她。父亲只是叹气。

第二年开学，父母与其说是鼓励，不如说是请求她再穿上那件绿色制服。她每天貌似照常坐公共汽车晃去学校，但其实是在“六张犁”公墓下车。那里安静，可以用心看书。她觉得世上再没有比跟死人做伴更安全的事了，他们都是很温柔的人。

母亲不知道她逃学的事，每天一样给她饭钱，她不吃饭，存了三五元就去旧书店买书。除了“读遍”台北市各大公墓，她还会去省立图书馆念书。每旷课两三天，她便去学校坐一天。老师看到她了，她再失踪三五天。所以这场“逃学为读书”的游戏得以持续很久，直到学校给家里寄信。

母亲只好每天送她进学校，眼神里全是默默的哀求。坐在一大群陌生的同学里，她心里狂喊：“母亲，你再用爱来逼我，我要疯了！”

她坐一节课，就拿起书包逃到省立图书馆。

父母终于不再心存幻想，将她收在家中读书。她用压岁钱买了一个竹子做的美丽书架，书架在一年后就满了。父亲又为她做了一个玻璃书橱，很快也满了。

英雄莫问出处，读书当是不分场合的，可世人未必如此认知。外界投来的好奇目光令敏感的她甚感压力，她将自己的房间加上铁窗，门加锁，吃饭也不出房，隔绝世界，亦囚禁自己。有一年，家里被推举为“中山区模范家庭”，竟因她休学在家的缘故被淘汰下来。父母当然不会怪她，但父亲的关爱亦使她窒息：“你这么啃书啃书，将来到底要做什么？”

为着“拥有一技之长”，也为宽慰父母，除了念唐诗宋词、啃《古文观止》、读英文原版小说外，她学了钢琴，还向国画名家黄君璧、邵幼轩习画。但她并不似姐姐那么热爱音乐，而学国画是老师画一张，学生临一张，使她觉得呆板无趣。

“坏孩子”是注定无路可走的吧？

如果不可以杀掉那个侮辱她的老师，起码她可以选择杀掉自己吧？

幸好抢救及时，母亲惊惧痛楚的心得以稍靖。一个偶然的机会，她发现了西洋绘画之美，遂师从顾福生学素描和油画。年轻摩登的顾老师不仅教授绘画，还引导她读了很多现代派文学大师的作品，更将她的文字介绍到白先勇主编的知名文学杂志《现代文学》上发表——在通常人来说，这自是令人欣喜的事，但对几乎与世隔绝七年的她来说，它的意义类同于盲人复明。小三毛——三毛一路哭着跑回家，一进门便对父母嘶叫，好似要喊尽过去永不说话的哑灵魂：

“我写的，变成铅字了，你们看，我的名字在上面……”

不知不觉，不上课的日子，三毛也肯出门了。妈妈带着姐姐和她去定做皮鞋，姐姐选了黑色漆皮，她竟然选了淡玫瑰红色的软皮。穿着这双柔和美丽的粗跟鞋子，她参加钢琴演奏会，在画展获奖，不断发表文章，结识新生代女作家陈若曦等朋友，甚至尝试在一家日本公司做了三个月职员。

她不知道自己将走向哪里，能走多远，但好在，她开始不惧前行。

在热情果敢的陈若曦的敦促下，她给新开一年的文化学院的创办人张其昀写了一封请求入学读书的长信，将自己少年失学的经过都写出来，最后恳切请求：“区区向学之志，请求成全。”

信是早上限时寄出的，晚上就收到张其昀先生的亲笔回信，里面只有几个字：“陈平同学，即刻来校报到注册。”

1964 年，她上阳明山华冈，入哲学系做了一名旁听生。大一国文考试，她发现“《春秋》是什么时候的作品、作者是谁”之类的硬背型常识问题，她完全答不上来。她去找老师，请求以六篇作文代替考试。通情达理的老师同意了。她很快交出一篇三万多字的作文，写的是自己的家史。老师读后告诉她：“老师看了很感动，一夜没有睡觉，老师都流泪了。”

这次“补考”，她得了99 分。

她是文化学院第二届学生，第一届有位已出过两本书的知名才子舒凡，出于好奇，她去找了他的书来看，读后大为折服，从此，她如同耶稣的门徒之于耶稣，常常追随在舒凡身后。但他对她并没有特别的表示，她失望又难过。

一天，见他独自在操场上，她告诉自己，如果不采取行动就会遗憾，于是走到他面前，从他衬衫口袋里拔出钢笔，轻轻扳开他的手，在他的掌心写下家里的电话号码，就头也不回地走了。

那天下午，她请假没有去上课，而是回到家里焦急地等待。一直等到傍晚，那个她期盼已久的电话终于来了，他约她在台北火车站的铁路餐厅碰面。

这是她的初恋。

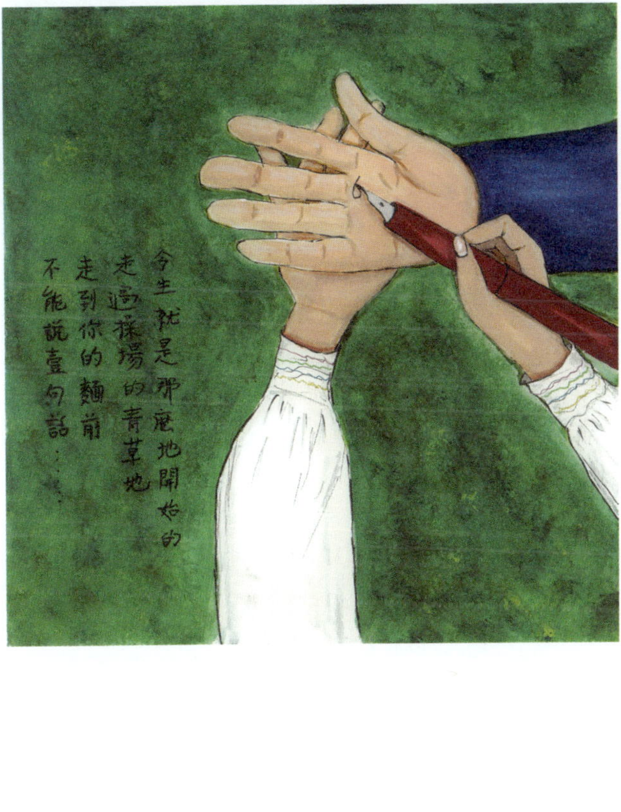
今生就是那麼地開始的
走過操場的青草地
走到你的麵前
不能說壹句話……

轰轰烈烈的初恋持续了一年半，她想到要以结婚来肯定他们的感情。但也许潜意识里觉得两人的个性不那么合适，舒凡表示希望事业稳定后再说。原本就缺乏安全感的她急了，想要逼他做出决定，就告诉他有朋友在西班牙，如果不尽快结婚，她就要去那里留学。

当然，这并不是她的本意。但为逼他说个"是"字，1967 年2 月，大三上学期结束，她真的休学开始一步步办理留学手续。手续一办好，两个人都怔住了。走前那一晚，她仍然在做最后的努力："我明天就要走了喔！你真的不给我一个答案？机票和护照我都可以放弃，只要你告诉我一个未来。"

他头一低，只得一句："祝你旅途愉快。"

1967年5月，三毛怀揣五美元现钞，七百美元汇票，向父亲母亲跪下来磕了一个头，走进登机口的时候没有回头。

刚到西班牙时语言不通，她只有做“哑巴”。她谨记父母忠告，凡事忍让。四人宿舍的洒扫工作，铺床、擦桌子、挂乱丢的衣服、洗地、换花瓶里的水……不知从什么时候开始都成了她一个人的事情。她有很多美丽的时装，每天吃饭时，可以有五六个女孩子同时穿着她的衣服谈笑自如。她在宿舍念书，找她的电话一个接一个，不是吩咐她帮收衣服，就是命令她帮烫裤子。刚放下电话，那边又在叫：“亲爱的，快来替我卷头发，你的指甲油随手带过来。”

一天晚上，宿舍的女孩们偷了望弥撒的甜酒，挤到她床上闹得像疯子一般，她说了好几次，没有一个人理会。院长闻声赶来，却劈脸骂她是个败类。她终于爆发了，抄起扫把对那群同学又叫又打，有人在背后抱住她，她转身给那人一个大耳光……

她怀着“大不了我滚”的悲壮发泄的这场愤怒，却为她廓清了界限，境遇发生翻天覆地的变化，不仅舍友从此对她以礼相待，院长还慈祥地邀她谈心。

这是“远方”给她上的第一课。

七个月后，三毛语言过关，进入马德里康普顿斯大学。在家信里，她开心地说，西班牙男生“情歌队”晚上来女生宿舍窗外唱歌时，最后一首一定特别指明是唱给那个名叫Echo 的中国女孩的。当然，她亦在妥妥地念现代诗、艺术史、西班牙文学、人文地理、中世纪神学……在坐咖啡馆、跳舞、搭便车旅行、听轻歌剧的间隙。

啊，生命自当是把来享受的。

西班牙的圣诞风俗与中国春节很像，圣诞夜12点刚过时，邻居们会纷纷走出家门，彼此恭贺平安。

那一夜，三毛在父亲的朋友徐伯伯家过圣诞节，午夜12点出门时，刚好遇到一位英俊少年从楼上跑下来问好。她第一眼看到他时，感觉触电一般，想：世界上怎么会有这么英俊的男孩子，如果可以做他的妻子，在虚荣心上也是一种满足了吧。

这个男孩就是少年荷西。他们成了很好的朋友，常在一起打棒球、打雪仗、看电影，周末一起逛她喜欢的El Rastro跳蚤市场，虽然两个人都没有钱，经常从上午9点逛到下午4点只买一支鸟羽毛，心底却是欢喜的。

荷西常常来找她，宿舍的嬷嬷们总是玩笑地说："Echo，你的表弟又来咯！"

一天，荷西对她说，他的愿望是拥有一栋小小公寓，他外出赚钱，她在家煮饭给他吃。他请她等他六年，他读完大学、服完兵役，就来娶她。

她有点奇怪，问荷西，为什么这样年轻就想结婚？荷西说："我是碰到你之后才想结婚的。"

她被深深感动了。可是，她自己尚住在修道院宿舍里，唯一的依靠是万里之外的家信，完全不知未来在哪里。她不想连累他，就要他不可以再来找她。他拗不过她，只好离开。漫天雪花里，他倒退着向后跑，手里拿着一顶他从来不戴的法国帽，一面向她挥手，一面呼喊着："Echo，再见！Echo，再见！"

他的眼泪都要掉下来了，还努力扮着鬼脸。

1969 年9 月, 她以康普顿斯大学哲学院的结业证书申请入西柏林自由大学哲学系。学校要求她先入"歌德语文学院", 拿到高级德文班毕业证书就可以入学, 宿舍是先分配给她了。

歌德学院学费昂贵, 教学进度密集, 每天上课五六个小时, 回宿舍的功课与背诵起码要十小时。因为好强, 亦因学费的得来均靠父亲辛苦伏案工作, 她要求自己一定要拿满分。冬日的柏林寒天冻地, 她的鞋底脱落了, 还磨出一个大洞, 她在两双毛袜里包上塑胶袋, 出门时再在鞋子外包上另一个袋子, 又用橡皮筋将鞋底鞋面绑紧防滑, 等快到学校时, 再弯腰把外层的塑胶袋取下来。

年轻女孩都好面子, 她总是将脱了底的鞋小心地用一条同色的咖啡色皮筋扎起来, 但那个

洞多少总会渗进一些雪水。虽然进教室后她立即找暖气管的位置坐下来烤脚，但仍然长了冻疮。同学们笑她为爱美，零下19 摄氏度都不肯穿靴子，哪知是因为她的脚尺寸太小，在柏林买不到现成的靴子，而定做价格不是一个学生付得起的。她绝不会向父母去讨这种“额外费用”。

一天，她在报上看到西柏林最大的“西方百货公司”的招聘广告，征求一名美丽的日本女孩为一款具有东方神秘气息的香水做广告模特儿，费用是每天四十美元，为期十天。为了赚钱，她寄了很多彩色照片过去。

她被选中了。她向老师保证缺的五十小时课程一定会在夜间自修，就跑去租戏装的仓库租了件墨绿缎子、大水袖的“东方衣服”。她原以为这份工作只需要在商场里向过往顾客介绍和试喷新香水，谁知负责人要求她在一天内记住所有货品的名称和所在柜台。当时临近圣诞，货品众多，拿着厚厚一本货单，学习德文不到三个月的她急得差点儿哭出来。

白天站得腿已不是自己的，夜间回去还得边啃黑面包边读书至深夜。在初级班学习三个月后，她以“最优生”身份毕业。同期十五位学生中，考过的只有四个。

老师见她很辛苦，问她要不要休息几个月再升中级班。她不肯浪费父亲的血汗钱。中级班难度几何级数般加倍，12月2日那天，她的听写考试没有考好，难过得放声痛哭。

第二天醒来，发现已是上午10点，她抓起课本就往车站跑，因为忘记绑鞋，跑起来鞋子一开一合的。又因长期苦读造成坐骨神经痛，整个人一瘸一拐的——她决定这一天不去上学，索性去东柏林那边办过境签证，以便圣诞节时与同学合伙开车，途经东德去西德南部的玛利亚妈妈家过节。

由于护照的原因，她被拒绝进入东柏林。因为身心早已透支，她反而很平静，笑一下，说声“谢谢”便走开了。

这时，一直在玻璃窗后面凝视她的一位东德军官走来帮助了她。为临时出入证拍快照时，这位如电影里走出般英俊迫人的青年为她代付了费用。办理手续余下的一张照片，她眼见他放入衬衫贴心口袋。

“你真美！”他用英文说。她回来时经过的将不是这个关卡，他们此生不会再见了。

签证与出关波折重重，当日黄昏，她以为此生再不会相见的那位东德军官奇迹般出现在被扣押的她面

前。他送她去车站，沿途经过的军人都向他行礼。天很冷吧，只穿单薄的呢绒草绿军装的他与她一同在抖。他替她轻拂了一下长发：“最后一班车了，你上！”

她不能留下，哪怕只留一天。他当然不能走，他有父母。

她完全不记得怎样回到的西柏林。回到宿舍即病倒下来，高烧三天后被送进医院。

说起来，她算是有一位德国男友的，叫作约根，德国人固有的严谨与刻苦在他身上体现得淋漓尽致，可惜与灵动洒脱的她不甚合拍。她拒绝了他的求婚。

1970 年夏天，她获得去美国芝加哥伊利诺伊大学读陶瓷专业的资格，约根去机场送她，很认真地对她说："等我做了领事，你嫁，好不好？我可以等。"

在纽约的小堂兄发现她所在的大学里有位他研究所以前的中国同学，就委托那位在读化学博士就近照顾孤零零的堂妹。从此每天中午，这位博士先生总是准时送来一个纸口袋，里面放着一块用料丰富的三明治、一个白水煮蛋和水果。终于有一天，他对她说："现在我照顾你，等哪一年你肯开始下厨煮饭给我和我们的孩子吃呢？"

小堂兄在长途电话里语重心长地说："妹妹，我这同学人太好，追他的女同学很多，你应

该做聪明人，不要错过这么踏实的人。”

她当然明白堂兄的苦心，但她决定回台湾去。这位好博士送她，临别时说：“我们结婚好吗？你回去，我等放假就去台湾。”

她刚到纽约，他又打长途电话来：“我们现在结婚好吗？”

她很是感激，心底却感觉与真正的欢喜隔膜着什么。

1971年，三毛回到台湾，在文化学院、实践家专和政工干校教德文。样貌美丽、学识不俗的归国青年女学者，将会遇见怎样的浪漫尘缘？

在台北武昌街一段七号，文艺青年云集的明星咖啡馆，她结识了一头长发的画家邓国川，原本就对画家这个职业颇有好感的她因为欣赏对方的绘画而堕入情网。两人在当时十分热门的馆子欣欣餐厅请客订婚后，她才发现对方是有妇之夫。向来十二分珍重声名的她当即崩溃，再次自杀，幸而获救。

1972 年，她陪热爱运动的父亲打网球时，结识了一位在台湾教书的德国中年男士。对方儒雅持重，虽然大她16 岁，但他们深觉彼此的生命契合度是如此合一。一年后，在台北的星空下，面对他的求婚，她清清楚楚地说："好的。"对方红了眼圈。

他们去重庆南路印名片——将两个人的名字郑重印在一张名片上，以示他们从此亲密相依——的当晚，未婚夫心脏病突发猝死，倒在她的怀中。钉棺的声音刺得她心底血肉模糊，她尖叫狂哭，再次自杀。被抢救过来时只听父亲喊着她的小名："妹妹，不要怕，还有爹爹在姆妈在啊！"

那盒名片至今还没有去取。

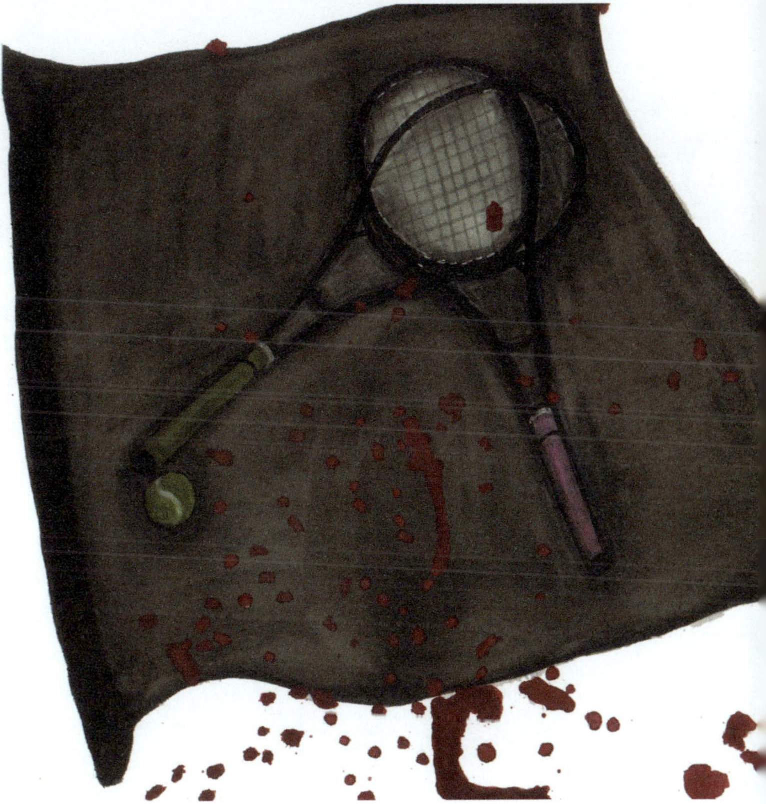

1973年7月，为远离伤心地，她先申请到香港探亲十天，再赴西班牙马德里。

在那座流淌着艺术人文气息的都市，她自报纸上看招租广告，和三个西班牙女孩合租了一套小公寓，两人一间。又找了个在小学里教英文的工作——虽然英文课一周只有四小时，收入不高，给台湾《实业杂志》写稿的稿费也不固定，但她向来对金钱不那么看重，绝不肯仅仅为着赚钱而舍命工作。除了付房租、补皮鞋外，尚可看看博物馆、买件减价的衣服、偶尔跳跳舞——她喜欢这种物质平淡、精神丰盈的生活。她甚至开始尝试和一位年轻的博物馆馆长交往。

直到那一天，她去看徐伯伯时，在徐家楼下遇见荷西美丽的妹妹，伊丝帖。

伊丝帖告诉她，荷西正在南方服兵役，马上就要回到马德里了。伊丝帖似乎很懂得哥哥的心思，请三毛一定要写信给他。匆忙间，她只用英文简单写了句："荷西，我回来了。"伊丝帖就把信发了出去。

荷西的回信厚厚一沓，还剪了很多潜水者的漫画贴在信纸上，在旁边注："这是我。"他从西班牙南部打长途电话给她，说他23号回马德里。

23号那天，她和另一个同学跑去一个小城玩，回家的时候，室友告诉她有个男孩打了十几个电话找她。这时她接到一位女友的电话，说有件很要紧的事找她商量。她忙乘计程车赶到女友家。女友接她进客厅，要她闭上眼睛。她听见有个脚步声向她走近，接着，一双手臂将她拥抱起来——她吓了一跳，睁开眼睛，看到穿着枣红色套头毛衣的荷西就站在面前，他长得越发高大，还留了帅气的大胡子。她兴奋得尖叫起来。

荷西揽着她转圈，她的长裙平平地飞起来。站在客厅外的朋友们都开怀大笑，大家知道他们虽然不是男女朋友，感情却好得很。

一天下午，荷西邀请她到他家去。正是黄昏时分，她抬头一看，荷西房间整面墙上都贴满她发了黄的放大黑白照片，照片上，剪短发的她正

印在百叶窗透过来的一道道光纹下。沉默很久，她问荷西：“我从来没有寄照片给你，这些照片是哪里来的？”

他说：“在徐伯伯的家里，你常寄照片来，他们看过了就摆在纸盒里，我去他们家玩的时候，就把照片偷来，拿到相馆去做底片放大，然后再把原来的照片偷偷地放回盒子里。”

由于时间太久，照片都有些发黄了。她顺手取下一张照片，墙上一块白色的印子——她转身问荷西：“你是不是还想结婚？”

荷西呆住了。她说：“你不是说六年吗？我现在站在你面前了。”说到这里，她忍不住哭起来，“还是不要好了，如果你那时坚持要我的话，我还是一个好好的人，而今心已经碎了。”

荷西把她的手拉向他的胸口：“这边还有一颗，是黄金做的，把你的那颗拿过来，我们交换一下吧。”

一个寒冷的冬日清晨，三毛与荷西穿得像棕熊似的坐在街边的长椅上，就像六年前他们在一起约会时的情景一样。

荷西忽然说，他计划夏天的时候和朋友一起驾船去希腊航海，希望她能够同去，在船上负责做饭、拍照和管钱。但她告诉荷西，夏天的时候恐怕她会在撒哈拉沙漠。因为曾经读过一本《国家地理杂志》，上面撒哈拉沙漠的图片触动了她心底难以言说的前世乡愁。

荷西听了自是有些失望："认识你那么久了，你总是东奔西跑，好不容易我服完兵役了，你又要单独走，什么时候才可以跟你在一起？"

三个月后，三毛收到一封来自撒哈拉沙漠的信：

“我想得很清楚，要留你在我身边，只有跟你结婚，要不然我的心永远不能减去这份痛楚的感觉。我们夏天结婚好吗？”

原来荷西竟收拾行李，一声不响地跑去撒哈拉沙漠的德国磷矿公司找了份工作，还在离公司来回100公里车程的小镇阿雍（现译：阿尤恩）租下了一幢小屋。

这封简单平实的信，她读了近十遍，又在街上走了一个晚上。

1974年4月22日清晨，她给尚在熟睡中的合租女友们留下租金和字条：“走了，结婚去也，珍重不再见！”

她用100美元买了单程机票，飞往西属撒哈拉沙漠。

西属撒哈拉首府阿雍机场，阔别三个月的荷西的样子令她有些吃惊，他的牛仔裤很脏，拥抱她的手臂非常有力，但粗糙不堪，头发胡子上盖满黄色尘土，脸被晒得焦红，嘴唇干裂。沿途没有车子愿意停下来载他们，他们只好扛着沉重的行李步行四十分钟回家。

荷西事先租下的这幢小平房没有家具，地是水泥地，墙是空心砖原本的深灰色，接缝处的干水泥赫然在目。房顶的灯泡很小，电线上布满密密麻麻的苍蝇，还经常没电。房顶中间有块方形大洞，风沙呜咽地灌进来。扭开水龙头，只流出几滴浓浊的绿色液体。房租很贵，还不含水电。想用水可以向市政府申请，那种汽油桶装的水可以用来洗衣洗澡，但有种异样的臭气。饮用水要去很远的地方买，在灼人的烈日下提着十公升的大水箱，一步步挪回仿佛永远是远方一个小黑点的家。而荷西每天都要去遥远的磷矿工地上班。

但三毛的心底并不气馁，她觉得人多几种生活经验是可贵的事。他们的结婚文件要求繁复，弄得很慢，她经过外籍军团退休司令的介绍，常常跟了卖水的大卡车去附近几百里方圆的沙漠奔驰。日出日落时一群群野羚羊飞奔而过的美景，令她觉得所有的枯燥和艰苦都是值得的，她将付出无比的毅力来适应。

三个月后，法院的秘书老先生终于通知他们可以办理结婚手续了。

结婚那天，荷西并没有请假。三毛来回走了很多路，去卖水的地方提了好几桶水回来，放在浴缸里存着，因为太累，倒在席子上睡着了。接近黄昏的时候，她被荷西打鼓似的敲门声惊醒，开开门，见荷西手里捧着一个大纸盒，眼中又焕发又深情。打开盒子，她发现是一副完整的骆驼头骨，她的尖叫又尖叫喜悦着荷西。他在沙漠里走得快要烤死了才找到这副完整的。

她给了他轻轻一吻。想到再过一小时，他们就要成为结发夫妻，两个人的眼眶同时发热起来。

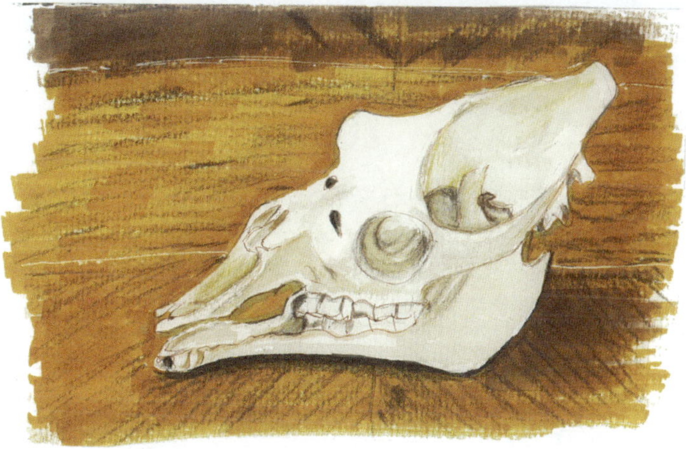

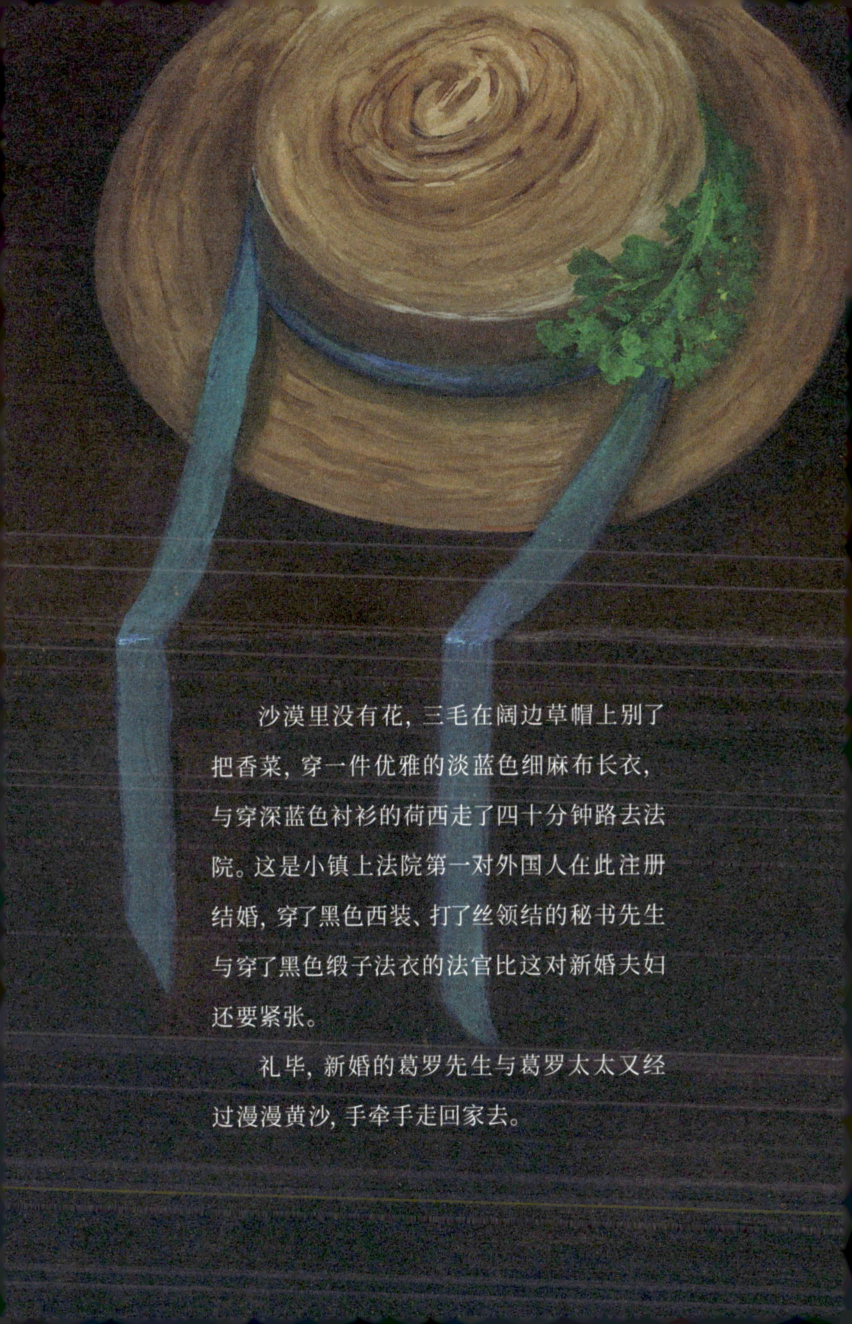

沙漠里没有花，三毛在阔边草帽上别了把香菜，穿一件优雅的淡蓝色细麻布长衣，与穿深蓝色衬衫的荷西走了四十分钟路去法院。这是小镇上法院第一对外国人在此注册结婚，穿了黑色西装、打了丝领结的秘书先生与穿了黑色缎子法衣的法官比这对新婚夫妇还要紧张。

礼毕，新婚的葛罗先生与葛罗太太又经过漫漫黄沙，手牵手走回家去。

1974 年10 月6 日，她第一次正式以“三毛”为笔名在台湾《联合报》发表作品《中国饭店》。这篇文章从寄出到收到航空样报只有十天，她几乎不相信自己的眼睛，因为实在是太快了。

等不及荷西回来，她拿着报纸出发步行去找荷西。虽然不识中文，但见太太的文章发表得如此顺利，荷西还是高兴坏了，两个人一道在沙漠里跳起舞来。

这是一篇白描新婚小夫妇饭桌趣事的轻松文字。三毛逗荷西，中国的粉丝是高山上一根一根被冻住的春雨，牛肉干是治咳嗽的药片，紫菜呢是蓝色的复写纸……纯真的荷西总是被唬得一愣一愣的。说到她拿小黄瓜片去哄在沙漠里居然要求吃冬笋的荷西老板时，她写道：

“荷西含情脉脉地望了我一眼，婚后他第一次如情人一样地望着我，使我受宠若惊，不巧那天辫子飞散，状如女鬼。”

她灵动俏皮的文风不仅打动了《联合报》副刊主编平鑫涛，也令广大读者忍俊不禁，更使一直为女儿挂心的父母读后欢欣不已。

乘吉普车直度撒哈拉的蜜月归来，他们开始热情地布置自己的小家。

他们亲自调石灰水泥，将小屋里里外外刷成鹤立鸡群的白色。木板太贵，三毛偶然在街边发现一堆废弃的长条状空木箱，着人拉回家来拆掉，荷西利用周末亲自设计、打制成家具。看到荷西在正午熔浆般的烈日下沉默而坚持地工作，她很为自己有这样一位丈夫而骄傲。

她用空心砖靠墙铺好，再放上木板和厚海绵垫，上面盖上跟窗帘一样的彩色条纹布，后面用线缝起来，便成了一个美丽的沙发。桌子铺上白布，再放上母亲寄来的细竹帘卷，摆上朋友送的陶土茶具。墙上是好友林怀民手书的“云门舞集”四个龙飞凤舞的大字，和艺术家林复南寄来的现代版画。深色的书架上是整齐的书列和荷西送的骆驼头骨，旁边是新添的羊皮鼓、羊皮水袋、水烟壶……她还发挥“拾荒”特长，在垃圾场里拾回一个旧汽车轮胎，洗干净了平放在席子上，里面填上一个红布坐垫，像一个鸟巢，谁来了都抢着坐。她穿过坟场去镇上时，发

现一位沙哈拉威老人坐在坟边刻石头，朴拙奇异的作品顿时打动了她，这些优美的石刻艺术品自然也被请进了家。

他们的小家成了一个真正的艺术宫殿，通讯社记者、建筑专家纷纷来访，赞叹：“你们把美丽的罗马造成了。”

沙哈拉威邻居们看起来样貌邋遢，其实经济基础都不错，堪称“沙漠里的财主”。起初，三毛还痴想种种跟有钱人做邻居的好处，但不久就幻想破灭。从早到晚，家里不断有小孩子来要东西，从灯泡洋葱到熨斗钉子种类繁多不胜枚举，令她苦恼的是，偏偏这些东西他们家都有，不给过意不去，给了当然是不会还的。

有一次，小女孩拉布来敲门，她开门一看，一只小山似的骆驼尸体躺在门口，血水流了一地。拉布说妈妈要求把这只骆驼冻在她的冰箱里，她看看自己鞋盒般大小的冰箱只得叹气。然而拉布母亲的脸因此绷了快一个月，只对她说了一句话：“你拒绝了我，伤害了我的骄傲。”

她哭笑不得。当她向拿走她五盒火柴的邻居借用火柴遭阻时，也只好学着她们的口气还出这句：“你拒绝了我，伤害了我的骄傲。”

她当然不会计较这些小事，大多数时候她与芳邻们相处愉快，甚至还成了附近的“名医”，以

几瓶红药水、消炎膏、止痛药和维他命丸悬壶济世起来。邻家10 岁的小姑娘姑卡被迫早婚，亦会向她倾吐哀伤。

一天，她偶然发现镇上理发厅旁的破烂小屋居然是个澡堂，还带土耳其式的高温蒸汽。好奇心十足的她自然不肯错过，第二天就花了四十块钱，穿着比基尼泳衣进去与沙哈拉威女人们一起洗澡。

每个女人都用一小片石头沾水刮自己的身体，直刮到身上的污垢如一条条黑浆流下来才去冲水。有个女人说自己住在“夏麻依”（帐篷之意），已经四年没有洗过澡了。一个女人正刮得浑身黑浆，外面婴儿哭起来，就光着身子跑去给孩子喂奶，孩子就那么混着她身上的污水吃奶……三毛只得屏住呼吸。

在沙漠的审美观念中，胖才是美的，平时女人们总是用大块的布把自己裹起来，而现在，她发现她们全裸的身体胖大到简直怵目惊心，相较之下，她觉得自己好似一根长在大胖乳牛身边的细狗尾巴草，黯然失色。

澡堂女老板知道她是专门花钱来看沙漠人洗浴的，就指点她到勃哈多海湾的“夏麻依”，去看沙哈拉威人“洗里面”。虽然到大西洋海岸来回要四百公里，荷西还是陪她开车去找。他们通过绳子从高岸下到沙滩，果然见到有几个沙哈拉威女人在用海水灌肠，一边蹲在地上排泄一边还高声歌唱。

真是世界之大无奇不有，她不由笑得出声来，结果被发现了，一番发足狂奔之下总算脱险。

可惜幸运女神并非永远都在。一天傍晚，荷西下班后带她去120 里外的沙漠深处找小乌龟和贝壳化石。在一片湿地，荷西下车引导她开车，不小心陷入了沼泽。夜晚的沙漠气温急剧下降，而周围并没有可以救他上来的绳索。

正在危急中，一辆沙哈拉威人跑长途的吉普车经过，她赶紧上前求救，却遭到三个坏蛋的攻击。幸好她临危不乱，拼尽全力将车子开进高大沙堆组成的“迷宫山”，机智地将车灯关掉躲在沙堆的阴影里，总算逃过一劫。

好容易将车子顺着车印开回去，彻寒的黑暗中却找不见荷西的踪迹，她以为荷西已经死了，整个人抖成一片树叶。终于听见他微弱的声音，刺骨的寒风中，她将身上的长裙子脱下来割成绳索，用尽全力将他救上来……

历经如此大劫，通常人会从此将自己封在家中，荷西却在回程中与她相约，明天下午还要一起出来找化石。

他不愧是她的知音。

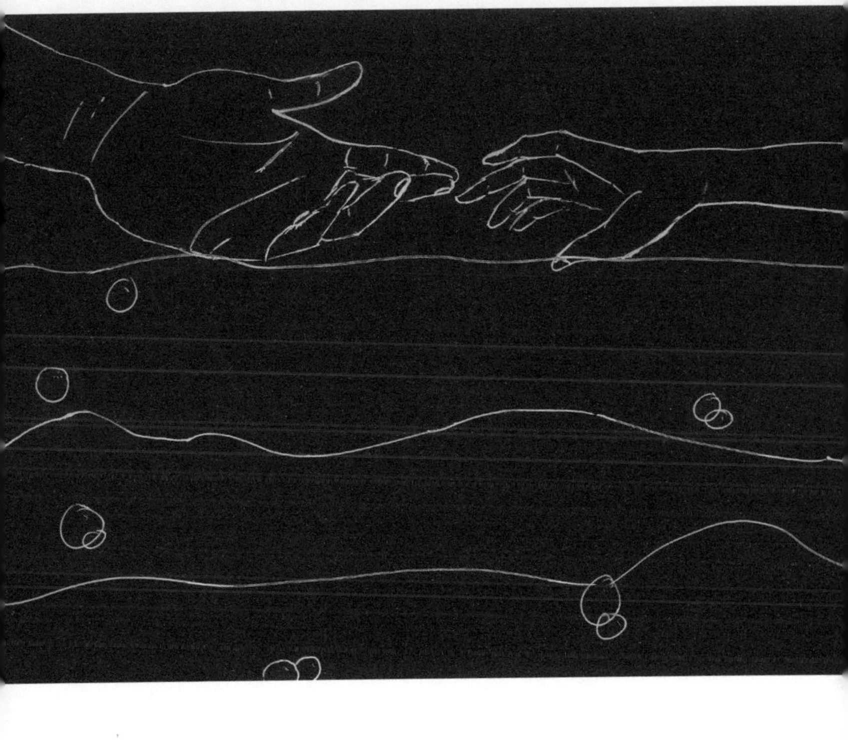

圣诞节时，他们一起去马德里看望公婆。

三毛心下十分紧张，因为婆婆曾反对她与荷西的结合。在她的温情信件攻势下，公公很快与她通起信来，爱她之情一如爱荷西，婆婆却只字不回。也许她对此可以不必理会，客客气气以礼相待就是，但她却一心一意要盗婆婆的心。

她不仅接手了婆婆的一切家务，连伊丝帖的牛仔裤都给熨平。圣诞夜37人的家族大会餐，她一人承担从采购到烹饪到善后的全部工作。累到脱形的她一点也不想乘地铁满城乱跑去看亲戚兼做厨子，但婆婆下令，她即刻照办。新生小家庭的经济状况并不乐观，他们还曾捉鱼去卖补贴家用，但她还是放弃自己梦寐以求的新衣，请公公、婆婆还有荷西的兄妹们一道去马德里著名的海鲜店吃大餐，虽然一边吃一边禁不住默想：这吃的哪里是海鲜，分明是新衣的袖子、扣子、拉链、腰带……但想到深爱的丈夫，一切即刻释然。

她赤忱的付出融化了婆婆心底的坚冰，婆婆终于含泪拥抱了她："妈妈以前误会你，现在是爱你的了。"

1975 年夏末秋初，只有7 万人的小镇阿雍气氛忽然诡谲起来。摩洛哥和毛里塔尼亚要瓜分西属撒哈拉，海牙国际法庭判决由当地人自己决定归属，日益式微的西班牙政府同意沙哈拉威人民族自决。曾在西班牙攻读法学的沙哈拉威人巴西里组织的游击队日益壮大，他们宣传沙哈拉威人要独立，不断制造爆炸事故，经常突袭西班牙人。阿雍离摩洛哥边境只有40 公里，10 月17 号，摩洛哥的哈桑国王亲自带领数十万军队和民众载歌载舞向阿雍袭来，宣布23 号要来这里喝茶。

这样的大动乱中，大批西班牙人开始撤退。巴西里被内奸打死，三毛亲眼目睹她亲爱的沙哈拉威女友、巴西里唯一的妻子、美丽优雅的护士沙伊达被暴民当众强暴，保卫她的小叔鲁阿一同被乱枪射杀……

古老的大漠目睹了这悲伤的一切，呼啸的夜风仿佛在为和平与美好被粉碎而哭泣。她是撒哈拉最后离开的四个外籍女人之一。

1975 年10月31日，三毛独自飞往距撒哈拉一百公里的西属大加纳利岛。接下来许多天，她完全得不到荷西的消息，焦虑万分，不肯吃也不能睡，每天要抽三包烟，身心几近崩溃。

谢天谢地，半个月后，荷西居然来了！不但人来了，还将家里的车子、电视机、书信、餐具、床单、花鸟、洗发水……以及他们珍贵的结婚纪念物——骆

驼头骨都一同带来了，带不走的家具他卖了一万二千元。原来他完成工作后独自逃到海边，露天睡了两夜等船来，终于有军舰来，却不肯载他走。谁知这艘船被卡住，非潜水员下水修整不能起航，而荷西是当时西班牙有高级证书的28 位潜水员之一，他说可以下水去替他们弄，只是不但要带他走，他所有的东西也要上船。

相对别人的丈夫最多带回一只手提包，还乱发脾气，荷西实在令三毛骄傲。他们喜极而泣，抱头痛哭。

第二天，他们在海边租到一幢家具用品一应俱全的小洋房。刚安定下来没几天，荷西的母亲和二姐一家四口就赶来大加纳利岛度假一个月，一切以婆婆为重的三毛顿时又陷入不分昼夜的忙乱。为了招待好母亲，荷西向公司预支了薪水，还向同事借了钱。

跟世间大多数夫妻并无二致，他们结婚后，甜言蜜语、山盟海誓亦渐渐变成"水费交了吗？"。

有一天，三毛看到一本西班牙杂志里说，有个美国女作家写了一本叫作《如何叫丈夫永远爱你》的畅销书，谆谆告诫妻子们"永远要给你的丈夫新奇感，不妨每天改一种打扮，今天扮阿拉伯女奴，明天扮海盗，大后天做一个长了翅膀的安琪儿，这样，先生下班了，才会带着满腔的喜悦，一路上兴奋地在想着，我亲爱的宝贝，不知今天是什么可爱的打扮——”

晚上吃饭时，她跟荷西聊起这本好笑的书，唠叨半天，发现荷西一直低头吃饭，眼睛望向电视，只好追问：“你说呢？”

荷西如梦初醒：“海盗！我比较喜欢海盗！”

虽然啼笑皆非，很想把汤泼到荷西脸上，但心底里，她才不介意丈夫的这种“不解风情”，因为她太了解这个男人心底的真纯与赤诚。由于一时找不到合适的工作，他一度重返撒哈拉磷矿公司上班，每周末搭飞机回来。一天她出门散步时，由于神思恍惚出了车祸，虽然刚涨了薪水，但他还是立刻辞了工作回来照顾她。

虽然荷西失业在家，这对善良的小夫妻还是买下一套昂贵的大百科全书，只因不忍那位年轻的推销员在烈日下终日奔波而无所得，还开车送那个大男孩回家。

1976年5月，平鑫涛的皇冠出版社推出《撒哈拉的故事》单行本，上市后大受欢迎，一再加印。7月，三毛的旧文合集《雨季不再来》也出版了。由于车祸加重了之前的妇科疾病，她决定利用新书的版税回台湾治病。

为省钱而买半价渔民机票独自辗转返台的她没有料到，自己在台湾受到超级明星般的欢迎。她晒成小麦色的健康肌肤、波西米亚风的潇洒装扮、一看便知处在稳定感情中的明澈飞扬的眼神，与她笔下传奇又俏皮的撒哈拉故事浑然天成。她热情洋溢的西式表达风格令人如沐春风，争相约稿、采访她的媒体人惊讶地发现，她的口才甚至好过她的文笔……横空出世的“三毛”简直如一轮明月，映亮了台湾岛内数十年封闭的阴霾。

担心荷西一个人太寂寞，原计划三个月后回大加纳利岛，才两个月母亲就赶她回去。荷西见

到她的时候，没有说他寂寞。只是房间的地洗得发亮，屋顶是新铺的，小小的房子里多了好多个新做的书架、细木条编的鸟笼、许多新栽的盆景，还有墙上美丽的浮雕铜盘——这是去五金店买铜片，再去木材店买木材，在木板上用刀细心刻出凹凸的各种图案，再将铜片放在刻好的木板上轻轻敲打几千下，不能太重也不能太轻，浮塑便出来了，将铜片割成圆的，便成了盘子。

当她不在的时候，他是寂寞的吧。

1977年2月，荷西已经失业一年，他发过很多求职信，但是都没有下文。虽然三毛的稿费令他们过平常日子没有问题，但荷西不肯用她的钱支付生活费用。两个人的心情悲愁而惨淡，常常在夜里失眠。这时，一位朋友介绍荷西到尼日利亚为一家小型德国潜水公司在港口打捞沉船，说是报酬优厚，每月薪水两千五百美元，外加每月四百元的伙食费，配家属宿舍。

真是令人振奋的好消息！他们决定在荷西启程前环游一下自己的家园。加纳利群岛的七座岛屿是西班牙在海外的两个行省，以美丽多姿被称作"大海中的七颗钻石"，他们居住的大加纳利岛是其中最繁华的一座。为了深度游览，也为节省旅费，他们自带帐篷、开了小车，开始渡轮之旅。丹娜丽芙岛盛大的庆祝嘉年华，拉歌美拉岛古老的口哨习俗，拉芭玛岛宛若摩西奶奶画笔下的田园美景，兰沙略得

岛奇异的黑色沙漠……都令他们的身心得到极大享受。她兴奋地写信给父母：

“旅行七日，见到世界奇观美景，恨不能与父母兄弟同游。”

谁知荷西抵达尼日利亚后，却被扣留了护照和潜水执照，每天在水下的工作时间达十几个小时，吃得很差，没有周末，还拿不到一分钱薪水。

五月，繁花似锦的美好季节，三毛飞去尼日利亚。在那燠热潮湿、物价昂贵、工人普遍懈怠而偷窃成风的异地，她跟狡诈的德国老板斗智斗勇。她偶然看到一张收据，这家公司向其他公司收每小时五千美元的工程费，却百般拖赖员工薪水。在世俗的层面上，君子从来不是小人的对手。他们坚持了八个月，只拿到大概三个月的薪水，失败地离开了。

1977年底，荷西终于在丹娜丽芙岛找到一份修建人造海滩的工作，每个月九百美元。三毛高兴地写信告诉父母，虽然这份收入不是很多，但足够用了。克勤克俭之下，他们终于在大加纳利岛海边买了一幢带花园的小平房。

为了照顾荷西，也为着彼此陪伴，他们在丹娜丽芙岛租了间小公寓，开启婚后难得的宁谧时光。她还重拾画笔，在海边拣拾的鹅卵石上绘制了数十幅构思精巧的图画。虽然她最心爱的十一块石头画被新来的清洁工不小心丢掉了，但那实在是一段美妙的幸福时光。

NO!
Help Help Help Help Help Help Help Help Help Help Help Help Help

身心舒和的日子里，三毛还自学了包饺子的高超技艺。恰在这时，她去年在大加纳利岛某国领事馆任职秘书时的老板来信说，近日要陪马德里来的总领事到丹娜丽芙巡视一天，问有没有不那么气派但菜品扎实的小饭店可以介绍大伙吃一顿。她顿时笑起来——丹娜丽芙最好的馆子，就开在他们家的阳台上嘛，名叫“饺子大王”。

满布鲜花的阳台上，各种各样形状、馅料的饺子静静地躺在怒放的天堂鸟下面，女主人衣着清洁美丽，交臂靠在柱子上微笑——这一切实在令客人们惊喜又感动。三毛跑到洗手间大笑，她不过是在享受生命，拿饺子当玩具，办了一桌童年时便梦想着的货真价实的家家酒罢了。

1979 年新年除夕，美丽的丹娜丽芙岛人造海滩引进了澄蓝平静的海水，荷西在此一年的工作结束了，第二天他们就要重返在大加纳利岛自己的家。他们在海边自黄昏一直坐到子夜，看一朵朵怒放的烟火在漆黑的夜里如梦徜徉。凌晨钟敲十二下的时候，荷西将她抱在手臂里，说："快许十二个愿望。"

情急之下，她重复了十二句同样的话："但愿人长久。"同时觉得这个愿望的下一句"千里共婵娟"对夫妻来说并不太吉利。她不由得有些心慌。

荷西的新工作在两年前他们曾一同旅行过的有着杏花春雨美景的拉芭玛岛。

去拉芭玛岛乘螺旋桨飞机只要45分钟，而且那边暂时租不到合适的房子，住有厨房的公寓旅馆要付出荷西薪水的一大半，但他还是打电报让三毛速去。

她一下飞机，就隐隐觉得心下不舒服。她身体一直不太好，以为这种不祥的感受会应在自己身上，还悄悄去公证处写了遗嘱。

1979年7月，结婚纪念日那天，饭桌上，她惊见一只精致的红色丝绒盒子，打开一看，里面躺着一块罗马字的老式女用手表。荷西叫起来："你先别生气问价钱，是加班来的外快……"

这是结婚以来她的第一只手表，是他多

下了好几小时的水，辛辛苦苦挣钱买来的。他走过来环住她："以后的一分一秒你都不能忘记我，让它来替你数。"

那一夜，她思前想后了很久，迟迟不能入睡，禁不住推醒荷西，在他耳边轻道："荷西，我爱你！爱你胜于自己的生命——"

荷西立时清醒，孩子似的扑上来缠住她，泪流满颊。为这句话，他等了十二年。

1979年8月，三毛的父亲母亲决定去加纳利群岛看望女儿女婿，顺道度假。

他们尽可能将自己朴素的小家美化起来迎接父母。她将在德国做穷学生时去波兰买的一个当地的产木头盒子拿出来，又找出车房里丢着的破音乐匣，请荷西把匣子里的小机器移装到波兰盒子里。他的手很巧，将两个盒子组合成了一个，但盒底多了一个上发条的把柄，盒子不能平摆在桌上，于是他又锯了三块小木头，将盒底垫高。

三毛陪父亲母亲在西班牙过了16天，然后飞加纳利群岛。这是荷西第一次见岳父岳母，着实有些紧张。之前他问三毛可不可以叫岳父“陈先生”，说西班牙人都是这样称呼的。但是当他请假在机场接到他们时，他把四个人环在一起，用中国话叫道：“爸爸！妈妈！”

他们将房间让给父母住，自己住在更小的一间。荷西经常陪父亲下象棋。一天吃饭时，他忽然用生硬的英语说：“爹爹，你跟Echo说我买摩托车好不好？”

“爹爹”是三毛在家里对父亲的昵称。她听了立刻站起来到洗手间去，拿毛巾捂住流泪的眼睛。

一个月后，三毛带父母去伦敦及欧洲其他地方旅行，荷西去机场送他们，相约下一年荷西去台湾探亲。邻座有位守寡的太太跟她攀谈，递给她一张名片，上面按照西班牙风俗写着：“××× 的未亡人。”她看了觉得十分刺目，很不舒服。

两天后，1979年9月30日，中秋节次日，英国伦敦，凌晨一点，她的房门被急促敲响。她立刻惊觉荷西是不是出了什么事，来通知她的英国太太极力想要使她保持镇定，但她连声追问：“荷西死了？你是不是来告诉我荷西死了？”

就在中秋节当日，荷西与朋友在海边野餐时，自告奋勇下海去为朋友射几条鱼来吃，这在他是习以为常的事。朋友们眼见他穿好潜水衣下海了，却左等右等不见他上来，赶紧着人去找——找上来的已是他的尸体。

荷西，那个曾为她的婉拒难过得想要自杀，却始终为她保有微笑的荷西。

那个慷慨地把自己黄金般的心拿出来交换她破碎的心的荷西。

那个每个月拿到工资就“哈”一声，用力丢在她面前的荷西。

那个陪她上山，下海，入大漠，走过很远很远的路的荷西。

那个两天前离别时为了多看她一眼，奋力跳过花丛追赶飞机的荷西。

那个只有28岁的荷西……

他帮她组装的波兰音乐盒，盒底的小木块才粘了两块，还有一块没来得及粘上呢……

一夜之间，她的发根尽白。

她没有请工人，她要一个人去搬那沉重的十字架和木栅栏，要用手指去挖那片埋着丈夫的黄土，她要用手，用大石块，去挖、去钉、去围，她要用签字笔一次次填过刻着字的木槽缝里：

荷西·马利安·葛罗

安息

你的妻子纪念你

总是在墓园由清晨痴坐到黄昏，守墓人要锁门了，就回到那个租来的公寓，喊一声："爹爹，姆妈，我回来了。"回到自己的卧室，望着天花板，等又一个黎明再来。清晨六时，墓园开了，又可以奔去……

如果不是神带父母来到她身旁，她必是跟着荷西去了。可是，面对她的分离十二年的、年迈的、那样憔悴又如此沉默的父亲母亲，她的万里迢迢飞来北非、冥冥中又一次负载了以老硬翅膀保护女儿重责的父亲母亲，只要她活一天、便不肯委屈她一秒的父亲母亲——她断不能再次伤害他们了……吧。

那个冬天，她的《撒哈拉的故事》在以十五种语言出版、发行量三千万册的《读者文摘》杂志连载，目录页排出醒目的标题：一个中国女孩在沙漠的故事。

朋友们兴奋至极，纷纷对她说："这是中国人的骄傲。"

她只是将其中的西班牙语版紧紧抱在胸前，泪如泉涌："可是，他再也看不见了。"

不放心的父母带她回到台湾后，朋友们自是每天登门劝慰，各路媒体亦纷至沓来，偶尔打起精神出现在公众场合的她，必被热爱她的读者簇拥得水泄不通……然而夜深人静，那如深海孤舟的寂渺、那生命被撕裂的剧痛日日如约而至。深夜，她与父母对话，忍不住再次说起，选择自己结束生命，未必不是一个幸福的归宿。母亲含泪喃喃求告："你再试试，再试试活下去……请求你再试一次。"

一向沉稳的父亲忽然失去控制："如果你敢做出这样毁灭自己生命的事情，那么你便是我的仇人，我不但今生要与你为仇，我世世代代要与你为仇，因为是你，杀死了我最最心爱的女儿——"

冬夜，为着一身黑衣重孝不好进人家的门，她抱一束鲜红的苍兰来到平鑫涛夫人、作家琼瑶家中。琼瑶缠了她整整七个小时，只求她肯亲口对母亲说出那个承诺：

“妈妈，你放心，我不自杀。”

1980年3月，为使她略微发散心底的深愁，家人拉她去东南亚旅行。行前她推掉《三三集刊》朋友的约稿时说："不是一个人去，荷西的灵魂也是同去的。"

泰国的海滩上，她身上扎着降落伞，在海滩上被汽艇一拖，猛然像风筝一样上了天，像一面彩色的帆飞在海上，心中的泪滴得出血似的痛：

"荷西，你看我也来了，我们一起在飞。"

返台不久，她再次出发。先去欧洲转了一圈见朋友，但终究，她得落地那个她渴见又怕见的都市，马德里。在巴塞罗那转机时，她中途逃掉，独自去了梦特里游乐场。

一个人坐在游乐场的长凳上，静静地看旋转木马一圈又一圈转过，有陌生人经过时问："一个人来的吗？要不要一起去逛逛？"她说："不是一个人呢，同我先生结伴来的。"

但当然，她终要面对马德里荷西家中，婆婆对于平分大加纳利岛他们的小屋的执着。她苦笑——他们当真以为，她于此的逃避，是因了舍不得那一点钱吗？

1980 年5月，她重返那个充盈着太多美好回忆的小白屋。黄昏日落，面朝大海，她擦擦小口琴，试几个音，吹起一首《甜蜜的家庭》。

一面在万箭穿心中踽踽独行，一面庆幸先走的不是自己，否则，就是荷西在漫漫长夜承担这毒侵般的苦。

6月，一位笔名西沙的周姓中年男士由伦敦来访。

小城不大，她的朋友多，几经询求，西沙找到她的小屋。她请他进了那艺术馆似的家，告诉他那美丽的白色客厅是荷西一手打造出来的，给他看她新近绘制的彩石，还谈及近日要与朋友去深山中健走——尽管他距离她这样近，可是他知道，其实她离他很远。

他喏喏请求，假期还有十天，可否再见一面。她笑说，后天要飞去拉芭玛岛看荷西了。

8月的一天，她应木匠朋友拉蒙之约，和几位朋友一同进山度周末。其实那一晚，她本和城里几位朋友有约的。在穿漂亮衣服吃晚饭与荒山远足之间，她选择了后者。

厚实的泥土与旷野的长风疗愈着她受伤的身心，使她产生着有如回归的感动。跟朴实纯真的乡下朋友在一起更使她无拘无束，令她感觉单纯得有若天地最初的一块石头。

好个美丽的夜晚啊！

冬日，西沙再次由伦敦来访，讶异地发现三毛已搬了家。幸好搬得不太远。他当然不知她与婆婆的那段公案。

她亲手打造的新家依然优雅美丽，她待他依然温和客气。这一回，他更深地了解了她——她自己拌水泥、钉凉棚、接电线；她一人撑起有十二位客人的繁华夜宴；她自己换轮胎、搬种花用的干牛粪桶；她拿香槟换野花；月光下，白日粗布长裤的她一袭华美的月白缎子衬衫、枣红长裙，手臂中闲闲挂一个披肩，有衣着笔挺的中年男士开着暗枣红色新车来接她，为她奉上装在玻璃盒子里的兰花，替她围上披肩，帮她拉开车门，弯腰拾起她拖撒在地上的长裙，轻轻关上车门，方绕到另一边去上车，而她只给出一个温柔又略带僵硬的抱歉微笑……

西沙的内心受到很大的震动：因了赤子之心，她坐拥无数朋友，包括源源不断自欧洲各国跑来找她的朋友，与万里迢迢前来访问她的台湾记者，可是——除了荷西，谁能真正解锁她幽深古堡般的内心呢？

1981年5月，三毛应邀回台做金钟奖颁奖嘉宾。台上的她风姿绰约、笑意盎然，但台下，她依然将自己重门深锁。

爱她的父母想周末拉她进山小憩，临行前她又拒绝了。送走父母，将大门防盗似的一层层下锁，连那串铁链也仔细扣好。窗帘全关，一屋暗沉。打电话给姐弟，请他们这个周末不许回父母家。又打电话推掉当日三个饭局。再将电话听筒拿掉，使电话打不进来。然后，才放心地坐在地上手工缝裙子——就像那些晚上，他坐在旁边看书或看电视，她坐在台灯下手工缝窗帘；就像那一回，她为他连夜赶缝短裤……而手边这条红黄蓝三色裙——是谁曾经告诉她，只要拿掉其中一个颜色，就成了一句旗语？

她承认在台湾心态并不平衡，怕出门被人指指点点，怕眼睛被人潮堵住，怕一天四十几个电话，怕报社转来的大批信件，甚至怕听“三毛”这个略带陌生的名字。每当她从一场座谈会、一段录音访问、一个饭局出来，脸上是微笑着的，心下却彻骨寂寞。在都市待久了，她会感到自己不再是一个大地的孩子、苍天的子民。

也许上天听见了她心底的忧愁，拜会《联合报》创办人王惕吾时，对方得知她想要游历中南美洲，慨然允诺全额资助她的梦想，并派美籍摄影师米夏同行协助。

1980 年11 月，时任德国驻墨西哥外交官的约根——她曾经的德国男友——在墨西哥首都机场接到了她。荷西去世后，他一再出现在她身边宽解陪伴。她于此当是感谢的，但几天后，还是带着米夏搬出了约根的豪宅。她的南美之旅绝对不要凌空蹈虚。

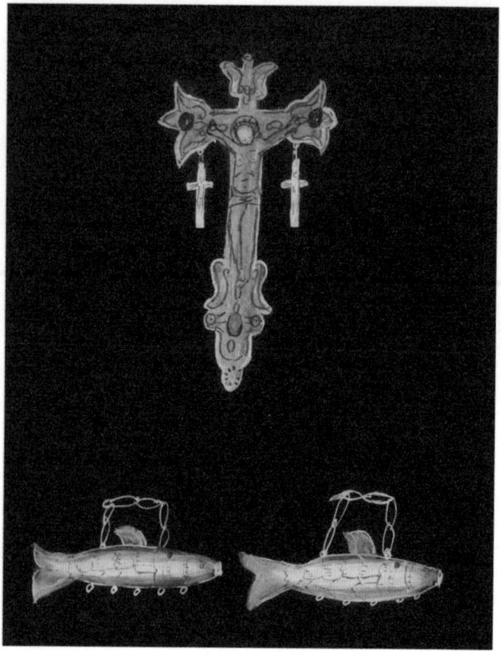

给予人类最大尊重和意志自由的“自杀神”，印加帝国失落的古城玛丘比丘，神秘的纳斯加之线，深山里的印第安人市集，人、动物、货品、木头挤在一起，要开三天两夜的长途公车，毯子中间剪个洞的“蹦袠”斗篷……古老而神秘的南美风情激荡、慰藉着她。更何况，还有厄瓜多尔高原小城清晨市集的古老十字架，玻利维亚首都拉巴斯的双鱼银别针和红石头耳环，秘鲁古城古斯各火车站前市场“狗和花环”的老别针……那么多别具风味的老饰品惊喜着她向美的心。

玛丘比丘古城邀她同喝咖啡的加拿大青年，阿根廷恬睡牧场为她一再驻足的牧场主人……美丽的单身女人出行，身边自然少不了异性的身影。半途遭遇洪水，她为救护妇孺差点被司机赶下车，一位大胡子男士挺身而出保护她，问起她的西班牙语为何如此出色时，她脱口而出：“我先生是西班牙人。”

她用的是现在式。

1982年5月，三毛记录中南美洲远游故事的新书《万水千山走遍》出版。5月7日晚，她在台北中山纪念堂举办返台后的第二次公开演讲《远方的故事——中南美洲纪行演讲会》。

之前在《联合报》礼堂的第一场演讲，800个座位的场地挤了1500多人。原以为这次有3000多个座位，情况会好一些，谁知晚上7点半演讲该开始了，但等了十好几分钟都没动静。观众开始着急，她的好友、《联合报》副刊主编痖弦只好上台说明，今天来了至少5000人，三毛实在挤不进来。后来靠几位警察壮汉帮忙开路，用帽子遮住脸的她方得进场。

主办方紧急搭起大型扩音器，请没有票无法进场的观众在纪念馆外听转播，但更多的人不断涌入，虽然警局调动了大批警力来维持秩序，情况还是非常混乱。痖弦的嗓子都喊哑了，西装被汗水湿透。他发现公众对三毛的爱已经变质，俨然将她当作英雄或先知，那热烈的气氛越浓，越令人战栗。如果彼时三毛在人群中出现，恐怕全身的衣服都会被撕成碎片，每个人都将以爱的名义拿一片回家去做纪念。

故事——中南美

1982年9月，一袭素白长裙、薄施脂粉、将长发盘成清爽发髻的三毛，接过母校文化大学中文系文艺组讲师的聘书，教授“小说研究”与“散文习作”。

正式注册的学生153人，加上旁听生超过200名。每周差不多4小时的课，她总要看15本书，她批改作业的字数甚至超过学生作业本身的字数。她每月还有三个固定专栏，兴致来了自己要写七八千字，更有排不完的演讲和访问。每天清晨7点半入睡，早上11点多起床是常态。

近乎狂热地工作使她旧疾发作。1984年初，她又患上流感，日夜狂咳，像机关枪一样无法停止，只好请老同学代课，自己去美国加州休养。因为惦念学生，六周后即归来继续上课，而流感与狂咳依然追着她。美国的医生要她速回加州手术，已失去14公斤体重的她不得不辞职了。

学生们极爱她，正像她掏心掏肺地爱他们。临去前的课间休息，她丢给同学们一百多块花花绿绿的方块布和几十根针，同学们上课了也不停手地缝。一周后再去上课，她收回一大块色彩缤纷的拼花被

面，上面有用圆珠笔涂的送给她的话：

“老师不要太贪玩。”

“老师，下辈子当你的妈妈，看着你长大是我的心愿。”

……

她笑起来：“要是死了，别忘记告诉我家里人，这条百福被一定给包着下葬哦。”

学生们也笑，他们懂得老师心底的这份看重。

早在1984年春节，三毛陪两位瑞士来的朋友开车游垦丁时，结识了在实践家专教“色彩学”的陈寿美老师一家，一见投缘，她将手中拾荒得来的一对古董老灯笼送给他们做见面礼。

其后她忙于工作、生病与看病，与他们一直保持通信联系。直到1985年2月，住在附近的他们要搬走了，她方得拨冗拜访，谁知登时对他们充满艺术性的小家一见钟情。这所房子面积不大，位于一座普通的居民楼上，已有17年房龄，但她一定要买下来。钱不够先向父亲借，也一定要买下来！这是她失去荷西以来唯一的心动。真好，她还活着，还有爱。

陈寿美是艺术家，布置的家必然品位不俗。但令三毛爱到痴狂的很大原因，是这所小屋里有个半圆形拱门——无论与荷西在撒哈拉沙漠的家，还是他们在大加纳利岛的家，都有着这样美丽的拱门。

1985 年4 月，她自陈寿美手中接过房门钥匙，开始轰轰烈烈地装修：将墙面全部钉上原生态杉木板，沙发布是古老的乡土花棉布，窗帘就是米色粗坯布，加了调光器的灯用锯了柄的美浓雨伞做灯罩，鞋凳是树根做的，当然，还有印度的大块绣巾、西班牙的盘子、以色列的铜雀、南美的“人地之母”、尼日利亚的鼓、三义乡下的牛车轮，深爱的人的照片……以及无数的书与花。

每一位由都市的万丈红尘中步入这幢小屋的客人，都会恍惚半晌——是谁说过，你的家就是你的心。如此意蕴丰盛又宛若天成的小屋，怎样的主人方能打造出来呢？

谁知自来只肯以美好面貌示人的三毛，此时正陷入身心崩盘的痛苦。

1984 年底从美国回来后，她一直开启疯狂写作模式，同时写三本书、一本译作和滚石公司一整张唱片的歌词。母亲每天去送饭，只见她的铁门关得死死的，只好把饭盒放在门口凄然而去。有时第二天、第三天去，之前的饭还放在外面，只觉得女儿生死不明的母亲急得用力拍门，只差没哭出来。

1985 年5 月，她又开始装修新居。本就忙得水深火热，挚友杨淑惠忽然患脑癌住进台大医院。没过十天，母亲被发现乳癌，住进荣民总医院开刀。她开始两头跑医院，连每天仅有的四小时睡眠也失去了，吃多少安眠药都没用，夜来只有一遍遍读张爱玲方得片刻放松。

近三个月几乎无眠无休的生活使她丧失记忆，无法进食，止不住地痛哭，几次开车差点出事。一天早上，她发现水瓶里插着一大片万年青叶子，那片叶子长在五楼屋顶花园的墙外，她曾想去剪，可是怕坠楼而没有去——现在，它为什么会出现在桌上的水瓶里？

那天去台大医院看望昏迷的淑惠，回来的出租车

上，她讲不出要去的地名，下车后亦不知要往哪里去。她靠住电线杆呕吐，眼睛看不清，一直在抽筋。

她终于也住进了医院，17 天后出院立即去美国休息。

1985年冬，为疏散身心，三毛在西雅图一所社区学院注册了一门英语课。班里十几位同学来自十几个国家，但都有着真挚的童心。他们一起边喝茶边吃糖果边当当心心地念书，认认真真地完成大批量作业，丰丰富富地聊各国风俗，开开心心地泡咖啡馆，安安静静地观雪、赏樱，坦坦荡荡地在杏花树下睡午觉，情人节的时候给老师送巧克力和画满甜心的卡片把她惹哭……

轻松又深入的学习氛围抚慰着她的身心，她与大家建立了亲密的友情。温暖的艾琳老师说，因为你在，我们班才能够这样的团结美好——

可惜快乐的日子总是短暂，她有事须提前离开。最后一节课，一进教室，她就看见课桌上铺了优雅的桌布，上面堆满走遍世界吃不到的各国各族的名菜，蛋糕上写着她的名字……

她的心狂跳起来，喉咙被什么卡住了。这是她

第四次来到美国，没想到收获如此丰盛的礼物。他们拉住彼此的手，眼泪瀑布似的在颊上奔流。他们都是爱与和平的实践者，这份欢乐时光将如神的拥抱，在未来的日子里襄助他们化解悲愁。

1986年夏，近乡情怯的她重返大加纳利岛。一去三年，空屋被小偷进去五六次，不知会荒凉成什么样呢？

深夜十点，一排排朋友在机场等她。他们早为她清理了庭院，洒扫了房间，放上了盆景，插满了鲜花，铺好了雪白的床罩。

院子里的相思树依然在沙沙作响，屋内三尺高的古老水漏、半人高的非洲鼓……还有荷西自海底捞出的腓尼基人的古老水瓶，都还在它们原来的地方，没品位的小偷只偷了银狐大衣和一些电器。但她此来是向它们告别的。父母年迈，时光有限。他们为她做过太多，她为他们舍弃一幢房子，应该算作一件小事。

虽逢房产市场不佳，但朋友们都觉得半价出售也太吃亏了，没想到她居然以更低的价格将房子卖给了一对朴实亲切的年轻夫妇。维纳斯石像，120年前的海盗式黑铁箱，撒哈拉大挂毡，尼日利亚木琴，彩陶瓶，荷西留下的珍贵潜水器材……收到她珍贵礼物的朋友们纷纷湿了眼睛。大部分家具、床单、桌布、餐具她都留给了新房主，件件擦得雪亮，处处铺成无痕。又开车去买了一大棵巨大的盆景吊在客厅里——车子也早约好临走时在机场赠予朋友。

她看住墙上荷西的照片用心交流——听见他说：“你这样做是对的。不要来同我商量房价，这是你们尘世间的人看不破金钱。”

她微笑，小心地把一对玩偶包好，夹在软的衣服里放入行李箱——这是荷西与她偶然在一个小摊子上买下的。他们吵架时，荷西会将这对小玩偶背对背；和好时，就让它们面对面紧贴在一起——本来没有道理的两个小人，因为他的深具幽默感，成了家中最有趣的玩具。

关箱子的时候，她轻轻地说：“好丈夫，我们一起回台湾去咯！“

自那次记忆丧失、说话错乱后，她不再过分用脑，这使她的外在成绩相对缓慢。除了翻译好友小丁神父的作品《清泉故事》，和录制两本有声书，近两年的时间，她只出版了一本原创文字书《我的宝贝》。但有什么比能够认得回家的路更美好的事呢？

每个女人都有着多多少少的收藏癖，无论衣饰还是摆设，其中蕴含的点滴故事与情感，连接起来就是女人的一生。而对于心目中“最浪漫、最真性情、最勇敢的三毛”的收藏，读者自然兴味盎然。

她的宝贝们自然不能以价格来衡量，荷西送的骆驼头骨，大加纳利岛闹市角落一位劫后余生犹太人的双头蛇项链，被冠以“荷西情人”美称的胖太太陶绘玩偶，小丁神父手作的裸女雕塑……一个个渊源各异，

却因了爱与慈悲而聚在一起的宝贝，配上她平实清新而有力的文字与风格清雅的图片，夜来灯下读起，委实是一场悲欣交集的旅行——不，人生。

自1986年9月正式定居台湾以来，三毛仍然经常旅行，尼泊尔、印度、香港、新加坡……但显然，已不属于“流浪”范畴。在她，这是求仁得仁，早在1980年的一次演讲中，她就说过“我巴不得有一天我有一个自己的家园，那时候如果你们来看我，我会和你们聊聊家常，我一句都不要说流浪的事情，因为一个没有家的人，是不会很快乐的。”

现在，她算是有家吗？她多次在文章与演讲中以独具的慧眼，热情洋溢地讴歌脚下大地、身旁大众之美，但也不得不承认：在台湾的日子总是挤着过的，每天仿佛活在记事簿里，就怕忘了哪天给过什么承诺。有一次拒绝了别人的要求，对方在电话里很无礼地嘲讽了她，然后“啪”一下挂了电话。

当然，她仍是被台湾多份报刊评出的“最受读者喜爱的作家”。虽然刻意减少了演讲次数，但公认她的文才出色，而口才胜过文才，公开演

讲仍是她脱不掉的重头工作之一。对于众多读者来信，她百分之九十都回，她一回人家又回，她再回，人家再来，雪球越滚越大，每天光回信就要17 封以上。

尽管如此，她似乎仍辜负了一部分“爱她的人”的期待。敬爱她的学生亦曾留条子给她，讲她不如走掉。当然学生的意思是心疼她太辛苦，何必如此。

她常自嘲如笼中小丑，一半在笼子里，一半挣扎在笼外。

有人看她写在撒哈拉教当地沙哈拉威女孩认字，为生皮肤病的小孩用药皂洗澡，在加纳利岛上教邻家小孩英语——以为这是自矜，并不知这是她待人常态。她从不曾提及，画家席德进病故前一个月，浑身异味，骨瘦如柴，她多次去病房为他按摩、擦洗，清理大小便。其他帮生活困难的朋友买很多菜、送冷气机，更是家常便饭。经常她辛苦演讲完，演讲费便顺手交给了向她求助的人。她自不是多么富有的人。

荷西去世八年了，她在给好友薛幼春的信中写道：

“荷西这个男人，世上无双，我至死爱他，爱他，爱他，死也不能叫我与他分离。经沧海，除却巫山，他的死，成全了我们永生的爱情，亲情，赞赏。我哭他，是我不够豁达，人生不过白驹过隙，就算与他活一百年，也是个死，五十步笑百步。”

但居然有人质疑“荷西是否真的存在”。甚至恩师白先勇都疑心“也许荷西是三毛梦中出现的一个人物”。擅长蹭热点的作家李敖更调侃她“三毛式伪善”。

李敖一定不会喜欢三毛喜欢的那本《小王子》。所有的大人都曾经是小孩，虽然，只有少数人记得。

也许走远一点会好些?

1989 年4月,三毛终于踏上她思念着的大陆的土地。

她先去上海看望了自小喜欢的《三毛流浪记》绘本作者张乐平先生,并热情地认其做干爸。游历苏杭后,4月20日,她乘船前往从未到过的故乡,浙江,舟山,定海,小沙村。

虽未曾授权,但她的作品在大陆早已遍地开花,她的到来于家乡彼此皆是牵念与荣光。船将抵岸时,船长请她亲手拉响入港的汽笛。她热烈拥抱曾抱过3 岁半的她的竹清叔叔,虔心地跪拜陈家祠堂,捧起一抔祖父坟边的泥土放入随身带来的小盒,打起井水装入水瓶。回到宾馆,她倒一杯故乡的水,掺一点故乡的土,一饮而尽,告诉自己,从此不会生病了,走到哪里都不会再水土不服。

1989 年9月中旬的一天，香港导演严浩约影星林青霞和秦汉一起请三毛吃饭，再次请她写剧本。她说马上要去欧洲旅行，以后有机会再谈。谁知由于高兴多喝了些酒，她回家后在没有扶手的木楼梯上失足落下，四根肋骨跌断，肋骨穿破胸膜，造成胸腔瘀血，整整抽了八天血才抽干净，不得不住院卧床治疗。

塞翁失马，她放弃了旅欧计划，开始潜心创作电影剧本《滚滚红尘》。正如她的初恋舒凡所说，她是个很要强的人，什么都要最好、最强、最高，有时候别人看来一条直线已经画得很直，但是她却仍觉得不够直，仍然拼命地画着——这部电影只要90 多个镜头，她写了600 多个。她请大家到家里，帮导演设计镜头，教演员排戏。为了不让大家对漫长的创作过程感到不耐烦，她还细心每天变换桌布，好让每个人的工作情绪保持高昂。

Day 1.
Day 2.
Day 3.
Day 4.

1990 年4 月，三毛再次踏上大陆的土地。时间有限，为走得更远，她参加了一个台湾旅行团，先去古都西安，又往敦煌与新疆吐鲁番。不过，此行最后也是重要的一站，是去乌鲁木齐访问有“西部歌王”之称的王洛宾。

她与姐姐从小就喜欢唱王洛宾的作品《在那遥远的地方》。这次会面的缘起是她听朋友说王洛宾命运多舛，尤其是失去爱妻后，每晚都要对着悬在古旧墙壁上的妻子遗像弹奏乐曲。也许王洛宾对亡妻的深情触动了她心底的悲伤，她听后哭红了眼睛，说一定要去新疆看望、安慰这位老人，为他写一部传记。

数日的会面，他们相谈甚洽。由于不能脱团太久，她匆匆告别王洛宾，相约不久再见。回到台湾后，她立刻以惯有的热情写信给大她30 岁的王洛宾。

1990年8月20日，王洛宾收到一封加急电报：23日请来机场接我。这一次她还特地带了在尼泊尔买的藏装穿给王洛宾看。熟悉她的朋友都知道，她喜欢西班牙式拥抱的开朗的身体语言，写信常用“亲爱的”“最爱的”这样亲密的字眼，“爱死了”是她的口头语般的存在。但王洛宾与她文化背景、性格和年龄都有着巨大差异，这次的会面他们彼此都产生了一些误会。

她转头去了西藏。接下来，是成都。9月的淡阳下，成都的新锐摄影师肖全为她拍摄了大量意味深长的黑白照片，经由镜头一再凝视她的肖全叹息：

“啊，什么样的谎言才能骗过这样一双眼睛。”

1990 年11 月10 日,《滚滚红尘》宣传活动拉开序幕。为给影片做宣传, 七天之内, 三毛接受采访28 次, 上了8 次电视, 原本就体弱多病, 如此超大强度的工作令她晕倒在台上。一天, 她和林青霞、秦汉一起去唱歌喝酒, 醉得很厉害, 他们送她回住处, 林青霞见她戴的耳环很大很重, 好心问:“我帮你把耳环取下来好不好? 你痛不痛?”

她喃喃回道:“我痛，我痛，我全身都痛，到处都痛呢。”

由于是文艺片的缘故，这部影片票房并不如意，只有600万元港币，但业内人士非常钟爱这部影片。1990年12月15日，在金马奖颁奖典礼上，《滚滚红尘》获金马奖八项大奖，但编剧三毛却因为政治原因失利。

制片人徐枫上台领“最佳影片”奖并致辞时，专门感谢她:“如果没有最佳编剧，亦不可能有最佳的电影。”

徐枫下台后，三毛立即搂住她:“你刚才在台上讲的话令我很感动，我好想哭!”

自从荷西离去，深陷痛苦的三毛即开始尝试与他“沟通”，家人和朋友都曾多次目睹她在纸上与荷西“笔谈”。她还曾当众与逝世的干爸徐讦用文字“沟通”。一般人对此难以理解，质疑声颇多。她自己也曾疑惑，向朋友李涛说：“这是天生秉赋呢？还是精神异常？”终究，她选择相信自己的感受。

1990年12月16日，她与建筑师登琨艳看完郭小庄主演的《问天》，回家途中看见有丧家设灵堂，她坚持进入参观，并向设计《问天》舞台的登琨艳提出给自己设计葬礼。25日，登琨艳在上海一家酒店写了一篇《三毛的葬礼》：

“时间最好是秋天，某周末下午三点半，全台北市的人每人手中拿一枝圆仔花，电子花

车 72 台，棺材是玻璃做的，遗体下面铺着白色玫瑰花瓣。北一女中仪仗队前导，全部装扮成两条马尾巴的三毛模样……”

12 月28 日，登琨艳在武汉将稿子寄给她。

1991年就要来了。应《讲义》杂志约稿，她写了专栏文章《跳一支舞也是很好的》：

“生命真是美丽，让我们珍爱每一个朝阳再起的明天……对于这全新的一九九一年，我的心里充满着迎接的喜悦，但愿各位朋友也是同样的心情。”

1991年1月1日，她为母亲奉上生日礼物：一尊玉佛，一张卡片。卡片上写：

亲爱的姆妈，

千言万语，说不出对你永生永世的感谢，你的儿女是十二万分尊敬、爱你的。

次女：妹妹

公元91年

母亲有点奇怪：“咦，不是下个月才生日吗？”

她说：“怕晚了来不及。”

因子宫内膜肥厚，1991年1月2日下午4点30分，三毛住进台北市郊的荣民总医院中正楼七楼A072单人病房，当晚即完成了十分钟的简单手术。

第二天早上自全身麻醉中醒来，她对母亲说心情有些烦躁，所以约了心理医生，但刚开完刀样子有些狼狈，爱美的她遂简单梳洗了一下。但心理医生因故并没有到来。

她告诉母亲，医院里有很多小孩在她床边跳来跳去，有的已长出翅膀来。母亲以为她又在说“胡话”，就玩笑地说：“你不要理他们就是。”

吃过母亲带来的食物，她说已经好了，让患癌症六年的母亲快回家休息。近夜间11时，她给母亲打电话，说了一些治疗的事情

后，她说医院里床边那些小孩又来了。母亲只好哄她说：“也许小天使来守护你了。”她笑了一下，声音有些凄凉。

她特别交代护士，说半夜不易入睡，没事不要来病房吵她。然后惯例睡前晚读，还用笔画了重点，完后将书平平整整地摊在桌上。

1991年1月4日早7时1分，医院女清洁工进病房打扫卫生，发现三毛不在病床上，查看房内浴厕时，惊见穿着白底红花睡衣的她身体悬在马桶上方，已气绝身亡。

医院方立刻报警，上午10时15分，士林警察分局到现场搜证，法医推断她是以一条肉色丝袜，绑挂在浴厕马桶上方的一个挂点滴注射液的铁钩上，再将丝袜套在颈部自缢身亡，事发时间是凌晨2时。医院设有马桶扶手，只要她有一点求生意念，就可立即握住扶手保住性命。

第二天，气温骤降，整个台湾报纸全部头版头条报道了这个消息。所有人都表示不可思议。刚从泰国旅行返台的姐姐说，妹妹入院前订了一台洗衣机，约好一周后送到家里。她还说下个月要去香港颁奖。而且妹妹最爱美，出席任何场合都会用心妆扮，怎么可能穿着睡衣去自杀？

严浩说，他们早就约好，接下来要合作一部叫作《凡夫俗子》的电影。

书店老板说，早在11月，三毛就来买1991年的行事日历，他觉得奇怪，怎么这么早就买新日历，她说要安排明年的各种事情。

好友痖弦坚持认为，将三毛的死解释成自杀是对她的不公平，甚至是一种侮辱。

联系她之前的通灵行为与幻听现象，亦有人将之归结于灵异现象。

她的一位老同学接受采访时说的话，可能代表了很多人的心声："她的选择让我觉得难堪，让我觉得我充分地代表了这个社会中凡夫俗子的典型。"

最痛苦的当然是白发人送黑发人。第二天，父亲去了南京东路女儿的小木屋，发现房间收拾得一尘不染，顶楼摆着她入院前几天才精心购置的沙发，没有遗书。经过一天的深

思，79 岁的父亲对女儿的往生有了新的见解：“就好比我和三毛一起搭飞机到美国，她的票买到夏威夷，我的票到华盛顿。夏威夷到了，她先下飞机，而我继续坐到华盛顿。我们不再一起飞，可是我心里有她，她心里有我。”

这是她的干爸徐讦写的诗，她曾在1981 年干爸去世时丁祭文中送给他，而此刻，送给她亦再合适不过——

因此我也不敢再希望你有一天会重回旧地，
来体味那轻雾旧梦里浮荡着的各种伤心，
但何处的天际都有我们旧识的微云，
请记取那里寄存的我殷勤的祝福与温柔的叮咛。

尾声

三毛逝去即将三十年了，她的作品依然盛行不衰，迄今以十六种语言在世界各地流传，关于她的纪录片、微电影、纪念展、歌曲、专场演唱会、芭蕾舞剧多达数百种，专业论文上千篇。光中国大陆关于她的个人传记就有一百多种，其中多部出自专业作家之手。她的故乡，浙江舟山定海为她创办了三毛研究会。《人民文学》杂志社与浙江省作协联合设置的“三毛散文奖”，与“郁达夫小说奖”“徐志摩文学奖”并列为浙江三大文学奖项之一。中国现代文学馆亦为她召开“永远的三毛”研讨会。大陆与台湾设有多处她

的故居与纪念馆，她的第二故乡、西班牙大加纳利群岛官方亦为她的故居设牌，并推出“三毛之路”系列纪念景观。她的大加纳利岛与撒哈拉沙漠小镇阿雍的芳邻们被一再访问——那个喜欢被叫作“Echo”的精灵般的女子，定格了他们的青春岁月，亦温暖了太多人的整个人生。

亲爱的Echo

安息

我们都在纪念你

三毛之谜

Q: 三毛在文章中一再强调，她从不说谎，可是包括一些她的朋友，也说她有些地方不能自圆其说，这怎么解释呢？

A: 荷西真的存在吗？

当然。连专业黑三毛的一些人士也无可置疑。

西沙真的存在吗？

迄今无人知晓。倘若这位儒雅而深情的男作家果然存在，也未免过分低调了。互联网时代，世界近乎平面，何况面积只有北京十分之一的伦敦。一直以来亦有读者感喟：西沙的文风，硬是与三毛神似到乱真。

这算是“说谎”吗？但彼时当真有儒雅男士带着近乎朝圣的心情，千万里迢迢去大加纳利岛看望孀居的三毛，这简直是一定的。三毛的男人缘之好，她的姐姐陈田心在受访时曾大为喟叹。如果由于种种原因照实写出不方便，三毛将这位（些）男士假托为一个“旅居伦敦的华裔独身作家西沙”，算是“撒谎”吗？

台湾作家朱天心曾说，三毛“对任何事情的描述都会有不同的版本，读者可能会觉得过瘾，而作为朋友则会很难过”。她觉得“三毛的生活像演戏”。三毛的确有戏剧化人格倾向，作为作家这是一种幸运，作为现实中人则是辛苦的。

当她“倾心剖腹的”时候，人们会为她的“诚实”拊掌吗？三毛早就在演讲中说，自己的所谓“流浪”，不过是在某处学业已经完成，找不到事情做，只好去另一个地方念书或者做事。这种“流浪”其实是被迫的，并不是人们以为的洒脱快活。但人们乐得接纳这种诚实吗？他们只听自己想要听到的。

三毛的干妹妹、性灵大师胡因梦于此曾有评

论:“有很多人批评三毛, 认为她只是在自己的小天地做梦, 我不以为然。基本上, 文学创作是一个人性灵升华的最高表现, 她既能升华出这样的情感, 就表示她有这样的层次, 这比起很多作家, 我觉得她在灵性上要高出很多。”

Q: 三毛真的是自杀吗?

A: 在通常认为是三毛最后的一本书《闹学记》里, 她曾在《我要回家》一文中写下这样的句子:

“我睁着眼睛等天亮, 恶性失眠像鬼一样占住了我。我开始增加安眠药的分量, 一颗、三颗、七颗, 直到有一夜服了十颗, 而我不能入睡。我不能入睡, 我的脑伤了, 我的心不清楚了……”

是安眠药效力不够吗? 她曾经对同有失眠之苦的作家小民说:“我这里有样好东西, 你要不要?”然后把几颗药寄给小民, 小民只试吃了四分之一颗，便昏睡了一晚上。那么，一晚吃掉十颗安眠药而自认仍睡不着的三毛会怎样呢？

“有一天，白天，好友王恒打电话给我，问我钢琴到底要不要。我回说我从来没有想买钢琴。王恒说，你自己深夜三点半打电话来，把我们全家人吵醒，叫我立即替你去找一架琴。

“我不记得我打过这种电话。

“又有一天，女友陈寿美对我说：‘昨天我在等你，你失约了没有来。’我问我失了什么约，她说：‘你深夜一点半打电话给我，叫我带你去医院打点滴，你讲话清清楚楚，说不舒服，跟我约——’

“我不记得我做过这种事。”

以上的“失忆”（或者说“梦游”？）状况并非个例，三毛说，那一阵连续好几个朋友都接到过这种深夜电话。而更惊险的一幕本书中有提及——

一天早上，她发觉水瓶里插着一大片万年青叶子，这片叶子是长在她家五楼屋顶花园墙外的，她曾想爬上危墙去摘，可是怕坠楼而没有去，但是现在，它为什么会出现在水瓶里？

美国食品和药物管理局（FDA）曾声明：部分安眠药会导致患者产生类似梦游的行为。“梦游”是指在自己无意识的情况下支配身体，可能做出任何事情。它一般跟日常生活规律混乱、缺乏运动有关，当然，身心压力导致的焦虑不安恐惧也会产生梦游。更何况有十颗安眠药的加持。

现实中，三毛当然知道剪危墙外的叶子很危险，在梦游中她却这样做了。现实中，她一直以为自杀未必不是一条幸福的路，又深知这样做会伤到爱她的人，尤其将是父母心底永远的痛，但在睡梦中，她没有再勉强自己。

跋 我们为什么爱三毛

当我发现自己在用一支黑色丙烯笔，当心地一点点染黑一只波士顿皮包上不甚协调的白色绗线——就像三毛当年，用女友送的不透明水彩，将衣服上刺眼的白色缝线涂成与衣服相衬的颜色——时，不禁吃了小小一惊，痴想：如果没有遇见三毛，我的人生还会是当下这种样子吗？

倘若每个人都是一种颜色，三毛绝对是至浓重彩的那种，但凡沾染，终生不去。她逝去就要30年了，仍有年轻粉丝在纪念她的文字后面留言：见之不忘，思之若狂。

也许，这是一直唱衰三毛的一些人所始料未及的。有人说三毛的一举成名天下知，不过是因为她的故事逢合了当时刚刚开放的国人的心境。有人说三毛霁风明月照山岗的活法是作秀——自己活得含混暧昧，不信他人会月朗风清。

早在三毛刚出道时，亦有评论说她的作品"缺乏文学性和艺术性"，甚至冠以"庸俗的三毛热"——发明这字眼的人断不会想到，这份"热"一不留神居然"庸俗"了好几代人，而且大有继续"庸俗"之势。只不知高雅的评论家本尊后来流落何方。

都说好的作品需要时间的检验，从三毛1976年出版第一本书《撒哈拉的故事》至今，已经快要半个世纪了，她的作品不仅在中文世界盛行不衰，亦被译为包括西班牙文、英文、荷兰文、韩文在内的十几国文字。时代早已形同天壤，为何大家仍然忍不住爱三毛?

首先, 当然因为她的剖白式写作, 令我们有幸眼睁睁看着她的成长与局限, 就像眼睁睁看着我们自己。于己, 自然比于人亲。

其次, 更因为她展现的世界, 无论远方的, 还是内在的, 实在都令人迷醉又折服。她倾述中南美洲纪行的写作与演讲引人入胜一点都不稀奇, 难得的是, 她之于台湾本土风情的写作与演讲依然令人沉迷。同一个世界, 商人只看见数字, 国王只看见权势, 大人只看见帽子, 而小王子看得见夕阳、玫瑰花、狐狸、绵羊和被蛇吞吃的大象。

可以随意走世界这么多年了, 真正走出打马过红尘潇洒气象的国人只有三毛一个。谁敢学三毛泰然白面包就冷水, 慨然将豪宅卖出不到一半市价? 想想三毛走后, 台湾的“名媛”们最擅长的不过是在电视台赛包……真令人唏嘘。一代又一代的读者与其说在迷恋三毛，不如说在哀悼一代又一代被圈宥的心。嗜欲深者天机浅。

有段时日，“庸俗的三毛”似乎没那么“热”了。我也曾是“降温族”的一员。无他，在“我，走到轮胎做的圆椅垫里，慢慢地坐下去，好似一个君王”的爽句之前，是三毛不得不与恶房东对峙的窒息情景。收起吊桥的自立王国再美轮美奂，亦逃不掉现实世界的冷酷暴击。比如，谈恋爱时，会发现三毛笔下的荷西实在是很稀有的物种。如果照荷西的样子写一份寻人启事，岂止十有八九，分明十万分之九万九千九百九十九会竹篮打水。

要不要算了呢？但有一丝犹疑，上大都不会帮你。幸而十八岁就开始喜欢的三毛早在心底生根——我发觉自己不能不信。你信，她就在。

我的先生当然不是荷西，正如我当然不是三毛。然而就像我喜欢三毛，他是喜欢荷西的。一念成佛。

就整个繁复世界而言，任何个体的力量都涉嫌以卵击石。但每当想起三毛在暴雨如注的玛丘比丘，为上不去救援车的老弱妇孺仗义孤身向前，就觉得这个世界还是有希望的。喜欢三毛的人越多，这个世界就越好，毫无疑问。

我女儿在幼儿园学唱了一支很好听的歌，每当她唱起，我就会想起那个叫三毛的女子——

“我是世上光，温暖又明亮，
像一支小蜡烛在夜里发光，
照亮黑暗世界，照耀辉煌，
我是世上光，温暖明亮——”

亲爱的三毛，谢谢我曾遇见你。

如果有来生
要做壹棵樹
站成永恒
没有悲歡的姿勢
壹半在土裏安詳
壹半在風裏飛揚
壹半灑落陰涼
壹半沐浴陽光
非常沉默
非常驕傲
從不依靠
從不尋找

"读书多了，

容颜自然改变，

许多时候，

自己可能以为许多看过的书籍都成过眼烟云，

不复记忆，其实它们仍是潜在的。

在气质里，

在谈吐上，

在胸襟的无涯……"

——三毛《送你一匹马》

“岁月极美，

在于它必然的流逝。

春华、秋月、夏日、冬雪。”

——三毛《随想》

Life portraits

作者简介

画眉，本名赵元。

作家/ 绘本作者/ 资深媒体人/ 心理学研究生/ 设计师/ 微旅行家/ 园艺爱好者/ 古着搭配师/ 轻幸福实践者

曾任多本知名时尚生活方式纸媒高管。出版过《林黛玉的短信息》《谁能陪谁到永远》《一个人的贵族》《不买会死吗？》《我的私人时尚史》《小红帽不想当小红帽》《每朵花不一样》《一个小孩没朋友》《我不想当姐姐》《流浪狗》等20 多本个人作品，题材涉及小说、随笔、绘本等多种艺术表现形式。另有多本合集。

曾为《南方周末》《新京报》《深圳商报》《时尚》《女友》等全国数十家知名媒体及知名公号长期专栏作者，作品多次被《读者》《青年文摘》等知名媒体转载。

在多年媒体生涯中，专访、对谈过章子怡、张曼玉、周迅、徐静蕾、孙俪、邓超、黄觉、李亚鹏、萧蔷、费翔、姜武、何冰、陈建斌、袁咏仪、钟丽缇、陈冲、池莉、张抗抗、于丹、严歌苓等近百位知名人士，并广受好评。

图书在版编目(CIP)数据

手绘三毛的一生：在全世界寻找爱 / 画眉著、绘. -- 桂林：漓江出版社, 2020.8

ISBN 978-7-5407-8873-5

Ⅰ. ①手… Ⅱ. ①画… Ⅲ. ①三毛（1943-1991）- 传记 - 画册 Ⅳ. ①K825.6-64

中国版本图书馆CIP数据核字(2020)第071322号

手绘三毛的一生：在全世界寻找爱

SHOUHUI SANMAO DE YISHENG：ZAI QUAN SHIJIE XUNZHAO AI

作　者 画　眉　　**绘　者** 画　眉

出 版 人 刘迪才

策划编辑 符红霞　　**责任编辑** 王成成

责任校对 赵卫平　　**装帧设计** page11

责任监印 黄菲菲

出版发行 漓江出版社有限公司

社　址 广西桂林市南环路22号　**邮　编** 541002

发行电话 010-65699511　0773-2583322

传　真 010-85891290　0773-2582200

邮购热线 0773-2582200

电子信箱 ljcbs@163.com　**微信公众号** lijiangpress

印　制 北京中科印刷有限公司

开　本 787 mm × 1092 mm 1/32　**印　张** 6　**字　数** 90 千字

版　次 2020 年 8 月第 1 版　**印　次** 2020 年 8 月第 1 次印刷

书　号 ISBN 978-7-5407-8873-5

定　价 45.00 元
